Carme Forcadell (Xerta, Baix Ebre, 29 de maig de 1955) és llicenciada en Filosofia i en Ciències de la Comunicació, activista i política catalana, presidenta del Parlament de Catalunya (2015-2018). Va ser regidora de l'Ajuntament de Sabadell (2003-2007), presidenta de l'Assemblea Nacional Catalana (2012-2015) i diputada al Parlament de Catalunya (2015-2018). En el judici al procés independentista català fou condemnada pel Tribunal Suprem de l'Estat espanyol, l'octubre del 2019, a onze anys i mig de presó i d'inhabilitació pel delicte de sedició.

ESCRIVIM EL FUTUR
AMB TINTA LILA

Carme Forcadell Lluís

ESCRIVIM EL FUTUR AMB TINTA LILA

Edicions Destino

Av. Diagonal, 662-664 - 08034 Barcelona

Primera edició: març del 2021
ISBN: 978-84-9710-313-8
Dipòsit legal: B. 2.147-2021
Fotocomposició: Grup62

A totes les dones que han estat a la presó,
i a la meva mare, que l'ha patida.

Índex

Pòrtic

Podria començar aquest llibre d'una manera menys abrupta i no pas directament a la presó, i explicant la història d'un bolígraf amb tinta lila. Però si no ho fes així, em perdria en el laberint del que he viscut interpretant-ho tot una vegada i una altra, i el més trist és que una vegada i una altra, inevitablement, tot desemboca en un únic punt: a l'entrada de la presó. Ja sigui la porta d'Alcalá-Meco o la de Mas d'Enric, o l'entrada de Wad-Ras. I tots els llindars es tanquen igual: amb un so alt i sord, que converteix la porta de ferro en un mur infranquejable.

Només hi ha una frase que m'he volgut endur amb mi del passat, la de la meva mare: «Quan seràs lliure, jo ja seré morta». Desafiar aquesta profecia, tan lògica i pràcticament inevitable, ha estat un dels meus motors de resistència. Canviaria el vers de Maria-Mercè Marçal per dir-li:

no ploraràs per mi ara, mare, i jo no ploraré per tu més endavant; plorarem juntes i tornarem a riure juntes. En aquest intent, que no ens prenguin el poc temps que ens queda, hi esmerço la vida.

I és que no tots els temps van a tant per hora, a seixanta segons el minut. No val igual el temps d'una persona que té un futur previsiblement llarg que el temps d'algú que sap que no pot passar de vell. Tampoc el temps no és igual a fora que a dins: a fora passa com una exhalació, a dins porta crosses.

Sortir per estar amb la meva mare i mirar de viure el present. Aquestes van ser les meves dues consignes vitals. I encara ho són ara. Amb entrebancs i amb dies millors i pitjors.

Com m'agradaria que aquest llibre fos un llibre testimoni del que he viscut a la presó! Però la presó és encara, ara i avui, el meu present, i per tant no és un llibre de records, és un llibre de vivències vigents, de present continu, de present laberíntic, de caminar una vegada i una altra per camins petits i estrets sense portes, ni tancats, ni claus ni afores. Però caminar. Fer del present, per més dur que sigui, un nou inici de tram, un nou tornar a caminar. Encara que aquest inici sigui des d'un pou i els passos en vertical. Sempre,

sempre, sempre es pot veure el present com un nou punt de partida.

Vaig decidir quedar-me a dins de veritat —l'alternativa era engrandir la necessitat de sortir (per fer-la cada cop més insuportable)—, vaig voler no quedar-me enganxada a un passat que, com he dit, ja sé com acaba, ni tampoc vaig voler ser una rea dòcil i apagada, abstreta en mi mateixa. He volgut mirar les qui conviuen amb mi i interessar-me per les altres. Quedar-me de veritat a la presó vol dir això: ser-hi present i mirar el que m'envolta.

Sempre hi ha un últim reducte de llibertat, un món inaccessible, propi i privat, ple de camins interns que hom pot triar agafar; allà no hi valen ni els murs ni els filats, ni els patis sense arbres coberts de ciment i envoltats de murs.

Quan una ha de pagar la màxima pena imposable per haver defensat les seves conviccions, es mereix atribuir-se les penes i les inquietuds que vol viure a la presó, i jo vaig decidir ser la Carme, la filla de la Carmeta.

La filla de la Carmeta i també la mare, la iaia, la dona, la sogra, l'amiga i la nova companya de la presó. Perquè la meva identitat, aquella més irreductible, es basa en els lligams afectius.

Per això aquest llibre voldria que fos una

mica la meva història, però sobretot, i molt, la història d'elles.

Aquest llibre està dividit en tres apartats: la història del bolígraf lila que dona nom al llibre, una mostra de la vida d'algunes dones (de com van arribar i com van viure a la presó), i finalment de què podem aconseguir les dones si ens posem a treballar juntes. I tot això afegint-hi, de tant en tant, coses que he comprès sent a la presó. Com llegireu, les històries són comunes, el bolígraf és un símbol senzill, i les coses que hem aconseguit tampoc no són gaire glorioses. Però la política també és, i molt, el camí fet de petites passes, com la llibertat, que segons la meva sentència no assoliré pas caminant, sinó pagant amb la moneda més cara, la del temps de viure, concretament 4.187 dies.

Què és o què hauria de ser la política? El treball honest, ple d'objectius sostinguts en la realitat per millorar el món, i si això no és possible, intentar com a mínim millorar un tros del món, i si això tampoc no pot ser, mirar de millorar-se a una mateixa. Jo vaig triar fer política amb les possibilitats del meu present.

Així que vaig entrar a la presó per poder fer política de detall, gestió de màxima proximitat, incidència directa en aspectes nimis en aparença però tal vegada fonamentals per a un grapat de dones. Es tractava de fer pedagogia, de canviar l'autopercepció del propi jo, de millorar l'autoestima i de fer alguna cosa, cada vegada que fos possible, per tenir una presó més feminista, que és el mateix que dir més justa, més humanitària i més a prop dels drets humans.

Vet aquí la meva història i sobretot la història de moltes dones, dones que amb aquest llibre voldria treure de la invisibilitat, els drets de les quals voldria reivindicar i la vida de les quals voldria millorar si és possible.

Una hauria de ser jutjada sempre per les intencions en iniciar qualsevol projecte, i puc haver-me equivocat, però us puc ben assegurar que, ara i sempre, les meves intencions han estat mirar de fer allò que em sembla més correcte, des del diàleg, el respecte i les legítimes reivindicacions. Ara i abans, aquí i fora.

Nota: Els beneficis d'aquest llibre aniran a parar íntegrament a diferents associacions i entitats que treballen per a la integració i la millora de les condicions de vida de les preses.

Els noms de les preses són inventats per preservar-ne la intimitat.

La història del bolígraf lila, el color del futur

Quan vaig entrar a la presó d'Alcalá-Meco vaig començar a escriure sempre amb retoladors de color lila, que venien a l'economat; abans també n'havia utilitzat, però ara ho feia com una forma de militància. Sempre m'he considerat feminista, i una presó de dones és un lloc on redescobreixes per què ho ets i et reafirmes en els teus principis.

Tres mesos i mig més tard, el dia 20 de juliol del 2018, vaig arribar a la presó de Mas d'Enric del Catllar, després de passar dues setmanes a la presó de Puig de les Basses amb la Dolors; continuava escrivint amb bolígrafs de color lila, però la situació va canviar radicalment. Sempre dic que vaig tenir sort que la primera presó que vaig trepitjar va ser Alcalá-Meco: evidentment, no s'assemblava gens a un col·legi de senyoretes, com deien les companyes de Llatinoamèrica, però era una «presó tova» en comparació amb el règim que imperava a Puig de les Basses o a Mas d'Enric. A Catalunya em va costar molt acostumar-me a les noves normes, tan diferents de les d'Alcalá-Meco. Venia d'una presó amable, amb arbres, gespa i moltes flors, d'una presó que et permetia desplaçar-te amb absoluta llibertat per tot el recinte; venia d'un mòdul de respecte que tenia les portes i les cel·les obertes, amb unes companyes que era el primer cop que entraven a la presó o que havien comès delictes menors, que tenien permisos els caps de setmana o els delictes de les quals eren econòmics; hi havia internes de diferents professions: algunes advocades, una periodista, dues gerents d'empresa, una directora de vendes i moltes noies que havien traficat amb droga, però que hi havien estat empeses per la desesperació. I, sobretot, tenia la Dolors.

Mirant-ho retrospectivament crec que va ser positiu per a mi ser en una primera presó amable, potser va servir per poder passar de manera més progressiva a una altra de més difícil. Potser d'una altra manera el xoc hauria estat massa fort; de totes maneres, avui sé que sempre podem aguantar més del que ens imaginem. I també sé que val més explicar-nos les coses pel cantó positiu.

La presó de Mas d'Enric és una «presó dura», amb molt ciment, molts murs i moltes portes tancades que no es poden franquejar sense un funcionari que t'acompanyi, amb normes de seguretat molt estrictes i amb un component humà completament diferent: hi ha internes condemnades per tota mena de delictes, algunes amb diverses condemnes, la majoria relacionades amb el consum i el tràfic de drogues, i moltes amb problemes mentals derivats d'aquest consum.

Molt sovint m'he preguntat què hi feia, allà, envoltada de dones que no tenien res a veure amb mi, però això era un error. És clar que tenien alguna cosa a veure amb mi! Eren dones com jo, privades de llibertat, i hauria pogut ser qualsevol d'elles si hagués nascut en una altra banda del món, o en una família diferent, desestructurada, i vulnerable.

I enlloc com a Mas d'Enric he tingut el convenciment que aquestes dones són víctimes, moltes sense saber-bo, sense adonar-se'n; no han conegut res més; tota la vida elles i les seves mares, i potser les seves àvies abans, han estat víctimes sense saber-ho. Són delinqüents, però també víctimes, i en molts casos han esdevingut delinqüents perquè abans van ser víctimes.

Però continuava escrivint, com a Alcalá-Meco, amb un bolígraf o un retolador de color lila, tant si eren instàncies com notes o cartes. De qualsevol document, sabien que era meu pel color lila; els va estranyar que utilitzés aquell color, que a diferència de Madrid aquí no es venia a l'economat, i em van preguntar d'on el treia i per què feia servir sempre el mateix color, i els vaig explicar que era el color del feminisme i que era feminista. Igual que les internes de Madrid, la majoria tampoc no es consideraven feministes, però potser el rebuig no era tan directe, hi havia més indiferència; algunes van dir que tant els feia i unes quantes, poques, van dir que elles sí que ho eren. Em van preguntar per què deia que era feminista i els ho vaig explicar.

Vaig estar molts dies parlant-los dels drets de les dones i de la doble jornada laboral i dels maltractaments —i això sí, lamentablement, ho van entendre a la primera, perquè per a moltes era la seva realitat diària.

Els vaig explicar què significava el feminisme per a mi i com m'havia ajudat a entendre algunes situacions que havia viscut quan anava a l'institut o a la universitat, o més tard quan buscava feina, o senzillament en la meva vida quotidiana.

Els explicava històries de discriminació, situacions injustes viscudes pel simple fet de ser dona; comparava dades amb elles, com ara el percentatge de directores o les diferències de sous, etc., i veia com anaven abaixant el cap i reflexionant, perquè segur que elles, d'una manera o una altra, també havien viscut situacions semblants.

Passa sempre: quan parles amb companyes t'adones que en un moment o altre de la seva vida han viscut i patit situacions de masclisme declarat, encobert o micromasclismes. Al principi no ho saben veure, però al final sempre acaben descobrint que allò només els passa a elles i no als seus companys, i acaben adonant-se que l'única explicació és que elles són dones, i no pas que siguin menys llestes o estiguin menys preparades que els seus companys.

Aquestes xerrades, una mena de classes informals, van començar a tenir els seus fruits, i van acabar estant d'acord amb mi que a la presó hi ha moltes raons per ser feminista, i que estaria bé que en parléssim i miréssim d'ajudar-nos mútuament. A partir de llavors —no amb totes, però sí amb unes quantes— vam començar a parlar de què podíem fer per millorar la vida a la presó.

Una part d'aquest llibre tracta precisament d'això, del que hem anat aconseguint a la presó, i l'origen d'algun d'aquests canvis prové d'aquest bolígraf, del motiu pel qual el faig servir, i de com és que escric amb tinta lila.

Moltes de les dones de la presó són influenciables, dones susceptibles de deixar-se convèncer, potser per falta d'autoestima, d'oportunitats, per una vida dura i sense afecte. Jo, però, les volia convèncer per empoderar-les, perquè guanyessin confiança en elles mateixes; volia convèncer-les en allò que trobava més just perquè en el futur fossin menys manipulables.

Vam començar a parlar de feminismes, vam reflexionar i posar exemples per fer-nos conscients del que significava ser dona en la nostra societat i també ser dona a la presó. Vam reflexionar sobre què significava ser dona en una presó pensada i feta per a homes i en una societat masclista.

Uns dies més tard, vaig veure una interna intentant escriure amb un bolígraf lila que jo havia llençat a la paperera de la sala comuna perquè s'havia acabat la tinta, li vaig preguntar què feia amb aquell bolígraf sense tinta i em va dir que intentava escriure, perquè ella també volia escriure amb tinta feminista, encara que només fos una frase; que estava escrivint a la seva iaia i li havia explicat que escrivia amb tinta lila.

Aquesta anècdota em va arribar al cor. Era una noia jove, mare de dos fills, que era a la presó per culpa de l'addicció a les drogues, i com totes m'havia jurat i perjurat que estava neta, que ja no consumia i que necessitava ajuda per refer la vida al costat dels seus fills.

Davant de la seva fragilitat, de les seves ganes d'agradar, de mostrar que tenia ganes d'aprendre, de millorar, amb una vida tan malmesa i amb una societat tan malalta i cruel que no dona oportunitats de canvi a dones com ella, mirant-la amb el bolígraf lila, provant d'escriure, vaig pensar que el seu futur era com aquell bolígraf sense tinta, que amb una vida tan difícil, tan lluny dels fills, era gairebé segur que em mentia, com solen fer els drogoaddictes. Voldria que hi hagués possibilitats per a dones com ella, doncs de bon cor amb una vida envoltada de ruïnes. Si el seu futur era un bolígraf lila sense tinta, faria tots els possibles perquè aquell bolígraf tornés a guixar, i perquè ella i moltes altres recluses tinguessin esperances i possibilitats de millorar la seva vida. La seva vida no seria un bolígraf gastat, el seu futur havia de poder-se escriure amb noves línies.

Vaig pensar que potser seria una bona idea demanar a les internes que escrivissin amb bolígrafs de color lila com a excusa per parlar d'elles mateixes i entre elles, cohesionar-se i augmentar l'autoestima d'unes dones que tan poques oportunitats havien tingut.

Per això vaig demanar a la meva família que compressin retoladors de color lila per a totes les internes, per regalar-los-en un a cadascuna i començar l'escriptura lila al mateix temps.

Vaig aprofitar que érem pels volts de Nadal per explicar-los que faríem cagar el tió; moltes no sabien el que era malgrat haver nascut i viscut a Catalunya durant tota la vida. Ho vaig comentar a les funcionàries i els va semblar una gran idea; una es va oferir per portar el tió, i dos dies abans de Nadal, aprofitant la visita de la consellera de Justícia, de la secretària general del Departament i del director dels Serveis Penitenciaris, vam fer cagar al tió bolígrafs liles i serpentines per celebrar la nit de Cap d'Any.

Aquestes visites institucionals sempre són una ocasió per a les internes, que tenen molt poques oportunitats de poder-se adreçar personalment als responsables del Departament de Justícia, i val a dir que les aprofiten per fer-los preguntes o per queixar-se de la seva injusta situació i del sistema penitenciari en general.

Quan vam fer cagar el tió, una de les noies estava tan nerviosa que va picar tan fort que el va trencar, però totes van tenir retoladors liles i serpentines, fins i tot les funcionàries que ens havien ajudat.

Les internes estaven emocionades perquè mai havien fet cap festa de Nadal ni havien fet cagar el tió. Els vaig dir que no només celebraríem el Nadal, sinó que també celebraríem el Cap d'Any, i que a partir d'enguany ho havien de fer cada any i establir-ho com una norma de la presó, que això només depenia d'elles, de nosaltres.

El dia 31 de desembre vam sopar a la mateixa hora de cada dia, a dos quarts de vuit del vespre, però el sopar va ser una mica més bo i ens van servir torró i dotze grans de raïm, que ens vam guardar per a les dotze de la nit. Mentre pujàvem a la cel·la, també a la mateixa hora de cada dia, a un quart de nou, algunes em van dir que estaven contentes i d'altres, emocionades, perquè malgrat haver passat alguns caps d'any a la presó mai no l'havien celebrat. Faltaven gairebé quatre hores per a la celebració; algunes no sabien si aguantarien despertes perquè la medicació els faria dormir i demanaven a les companyes que les despertéssim perquè no s'ho volien perdre; d'altres deien que si s'adormien no sabien si es despertarien, però que intentarien aguantar.

Uns minuts abans de les dotze de la nit es van començar a obrir les finestres de les cel·les —totes donen al pati del mòdul— i vam anar lligant les serpentines que ens havia cagat el tió als barrots de les finestres i tirant-les al pati, de manera que quedessin unes cortines de coloraines penjades a les parets. Amb les campanades de la televisió ens vam menjar el raïm i ens vam desitjar un bon 2019, que vam batejar com l'any de la llibertat. Em pensava que ho seria, perquè el judici de l'1 d'octubre havia de començar al gener o al febrer, però no ho va ser. El 2020 tampoc ho ha estat, i el 2021... qui sap. Però no deixaré d'intentar sortir una vegada i una altra; després de cada «no» que em diuen, torno a traçar de nou el meu punt de partida.

Algunes cantaven, d'altres reien, la majoria cridaven desitjant-se bona sort per al nou any, i algunes, poques, es van enfadar perquè s'havien despertat girades. Ens va faltar el cava per brindar per la llibertat, no per la meva, però sí per la de moltes que van anar sortint al llarg de l'any.

De lluny em va semblar sentir música, crits i coets que arribaven de fora, però potser va ser més el desig que la realitat.

A les dotze en punt —algunes abans, però—, totes vam tirar les serpentines per la finestra, i l'endemà, a quarts de nou del matí del dia 1 de gener, quan vam baixar al pati, totes penjaven i feia bonic, senzillament perquè era una cosa nova i diferent; s'havien trencat la monotonia i la uniformitat de la presó. Aquell mateix dia, però, ens les van fer treure.

Per poder fer una celebració tan simple vam haver de demanar permís a la direcció, perquè no deixen que es pengi res dels barrots de les finestres de les cel·les. De fet, a les finestres no s'hi pot tenir res; una temporada que vaig tenir-hi una planta, també vaig haver de demanar permís, i me'l van concedir després d'inspeccionar de quina mena era.

No vaig aconseguir que ens deixessin entrar cava sense alcohol. M'hauria agradat tenir-ne per desitjar-nos un bon any; ho vaig intentar del dret i del revés, vaig parlar amb tothom i no hi va haver manera. Em va saber greu. Hi ha coses impossibles tot i que no tenen lògica: si es pot vendre cervesa sense alcohol, per què no cava sense alcohol?

Aquests van ser el meu primer Nadal i Cap d'Any a la presó.

Durant aquell primer any vaig veure moltes baralles, molts crits, moltes enrabiades, moltes ofenses, moltes susceptibilitats ferides, molts insults sense solta ni volta, una manera de tractar-se entre elles molt semblant a la que havien mamat tota la vida. Havien après a relacionar-se així, perquè a moltes mai no les havien tractades de cap altra manera. Vaig intentar millorar aquest aspecte amb les meves xerrades, unes xerrades informals, en format conversa, que volien dotar-les d'eines per autoanalitzar la seva pròpia actitud.

Així doncs, en les converses entre dones i sobre dones, sobre la nostra situació, les sensacions, els sentiments i els pensaments, intentava inculcar-los el concepte de sororitat, d'ajudar-nos, de comprendre'ns, de compartir el que teníem, perquè el que és bo per a una també ho és per a les altres; però malgrat tot, els crits, els insults i les baralles continuaven.

En el meu cas, el fet de ser a la presó m'ha fet valorar més el que tenim, adonar-me del poc que es necessita per viure, preocupar-me només per les coses importants, donar la importància que es mereix a cada cosa, no trivialitzar, però tampoc exagerar. En canvi, a elles no els afectava com a mi, i de vegades era desesperant: es continuaven insultant, cridant i barallant per nimietats, no sé si perquè han posseït tan poc al llarg de la vida que lluiten amb dents i ungles per qualsevol cosa o si perquè és la seva manera de relacionar-se i ho serà sempre. Quan dic que amb poca cosa es pot ser feliç, també em refereixo a una mica de silenci.

Passades les festes, algunes continuaven utilitzant el bolígraf lila per a tot; d'altres se'l guardaven, deien, per a les ocasions especials. I quan van acabar la tinta dels bolígrafs lila —algunes també sense acabar-la—, me'n van demanar més: totes en volien, per escriure amb tinta lila, deien, fins i tot les que no sabien escriure, però no els en volia donar perquè sí, de seguida i sense motiu; volia que fessin alguna cosa per merèixer-los, perquè algunes pensen que la societat està en deute amb elles, que la vida les ha tractat malament i que per això les que hem tingut més sort, diuen, els ho devem. Per a algunes, ser a la presó és només qüestió de sort o del lloc on has nascut, i en part és cert, però també s'ha de tenir en compte la voluntat individual, que per a algunes preses no existeix.

Això suposo que també és una manera de

pensar pròpia de les víctimes, una mena d'indiferència, de llei del mínim esforç, de no lluitar per res perquè la vida sempre decideix per sobre la pròpia voluntat. A mi aquesta actitud em desesperava. Tenia ganes de demostrar-los que amb esforç es poden millorar moltes coses, però entenc que la resignació era una defensa per suportar la vida, o per aprofitar-se d'un sistema que no havia fet res o gairebé res per elles.

Intentava que valoressin allò que se'ls donava, i aprofitava quan una deixava de fumar, o ho provava, o el dia del seu aniversari, o quan feien alguna cosa positiva, per regalar-los un bolígraf i paper per escriure, però havia de tenir cura perquè es posaven geloses, i si en donava a una, m'ho retreien fins que no aconseguien el seu. Durant els molts mesos que vaig estar a Mas d'Enric els vaig anar donant bolígrafs lila cada cop que feien alguna cosa bona per a les altres internes o per a elles mateixes —un fet positiu, en deien elles—, i vull pensar que potser no se'n recordaran de mi, però sí del bolígraf de color lila.

Així doncs, el bolígraf que tens a les mans, i que en aquest moment de la història és només un bolígraf de color lila, va aconseguir dues coses importantíssimes: fer-nos conversar sobre el feminisme, fer-nos sentir més a prop per parlar de les nostres coses i reflexionar, i convertir-se en una mena de medalleta o insígnia per a l'assoliment d'un objectiu personal, d'un petit premi, o per l'agraïment per una acció positiva. La iniciativa es mereixia tenir una versió definitiva, i això va succeir durant el meu segon Nadal a la presó.

El dia abans d'aquest segon Nadal a la presó em vaig passar la tarda a la cel·la preparant les bosses per fer cagar el tió l'endemà. Eren bosses de Nadal molt senzilles però plenes d'il·lusió i missatge, formades per:

- La bossa mateix, de la Conselleria de Treball, Serveis Socials i Famílies, amb un disseny de la cançó «Malamente» de Rosalía per animar a denunciar la violència masclista.
- Un tapaboques que em van regalar les excompanyes de quan treballava al desaparegut Servei d'Ensenyament del Català.
- El clauer que em van portar la Glòria Roig i la Silvana el dia que van venir a fer màgia.
- I la versió definitiva del bolígraf lila, on hi diu: «Escrivim el futur amb tinta lila».

Aquest cop era fet expressament com a detall de Nadal; l'havien encarregat les companyes del Free Forcadell, i era exactament el mateix que ve amb aquest llibre. Com que n'havia regalat uns quants abans, per al dia de Nadal no en vaig tenir prou i vaig haver de posar-hi retoladors; també vaig posar les serpentines per al dia de Cap d'Any.

Les internes que sabien que ho estava preparant em deien coses des del pati, estaven emocionades com nenes petites abans de Reis. Una bosseta amb una serpentina, un bolígraf, un clauer i un tapaboques semblava un regal importantíssim; de fet, era l'únic regal de Nadal que tindrien, i per a moltes, el primer.

El dia de Nadal al matí vaig parlar amb la família mentre preparaven el dinar. Com cada any hi eren tots; només hi faltaven el meu germà i la meva cunyada, que encara no havien arribat, i el meu fill petit i la seva dona, que havien portat en Guiu a l'hospital perquè encara tenia febre. Van posar el mans lliures al mòbil i els sentia parlar a tots; de vegades una veu es barrejava amb una altra i no els podia reconèixer, però vaig veure que estaven bé i contents d'estar junts, i els vaig dir que els tornaria a trucar per parlar amb els que no hi eren i per veure com estava en Guiu.

A la presó, abans de dinar, vam fer cagar el tió; les internes van cantar, cridar i picar, unes amb més entusiasme que altres, però totes van passar una bona estona i van riure; només la Dora i la Mariana no van voler picar ni cantar la cançó. Quan vaig anar a buscar la Dora, no va voler venir: em va dir que no volia fer-ho perquè no érem la seva família, i li vaig respondre que no érem família, però que estàvem juntes i havíem de procurar estar bé. A la Mariana no la vaig anar a buscar, perquè no volia que em digués que no; si volia, ja vindria, però no ho va fer. A la festa del tió també hi van participar les funcionàries, cosa que em va alegrar: la Mercè, que feia dos dies que s'havia reincorporat a la feina després d'una baixa per la mort d'un familiar, i la Nerea; també hi era l'Ona, de Comunicacions, que va venir per veure com ho fèiem, i finalment va picar el tió l'Antònia, que va venir amb un barret de Pare Noel i amb unes llumetes nadalenques penjades al coll, i que després de dinar, i abans de pujar a la cel·la, ens va donar un bombó que era un os vestit de Pare Noel. Les internes li van agrair immensament aquest detall; totes deien que el donarien als seus fills o als nets, jo també ho vaig fer.

El dinar del dia de Nadal és millor que els dels altres dies de l'any, però el d'enguany no va ser tan bo com el de l'any passat: la sopa estava rebullida, només hi havia una mandonguilla molt grossa i la costella de vedella era dura i costava de tallar; de postres, un tall de préssec en almívar i un de pinya de llauna, flam, un polvoró i un trosset de torró de xocolata.

Sí, la humilitat és això: una persona amb un sou normal, amb una vida normal, per Nadal i cada dia pot menjar més o menys bé i de manera variada; els mercats estan plens de possibilitats, de productes frescos i de qualitat. A la presó, en canvi, el menjar es mira, es valora, es puntua, et decep, poques vegades menges a gust, i quan ni per Nadal és possible, trobes a faltar coses tan habituals com un trosset de torró del forn, o aquells canelons que el dia abans comença a fer la mare, o la coca d'ametlles, o, senzillament, l'olor de casa, de les coses compartides, dels espais comuns, dels somriures còmplices.

En aquestes pàgines he dit el nom d'algunes de les dones de la presó, sense referents, sense històries, noms que no són els que escric, perquè a cadascuna l'he rebatejada per a aquest llibre, però vull singularitzar-les, no vull que siguin tan sols les dones de la presó, les internes, les presoneres... Tenen cadascuna un nom, una vida, un dia a dia confinat. Per això, a les pàgines següents vull explicar algunes de les seves històries.

Camins que es creuen

Naixem amb menys privilegis pel fet de ser dones, i aquesta jerarquia social es paga encara més en determinats contextos: les dones són les pobres entre les pobres, les receptores d'abusos d'un ambient ple d'abusos, les víctimes més fàcils de la delinqüència, desarmades per l'estatus social —una dona sempre val menys, compta menys, pot decidir menys per culpa d'uns rols socials—. A més, encara es troben més indefenses per culpa d'una idea d'amor mal entesa: un amor de parella basat en el sacrifici, la por, les amenaces, els crits i fins i tot les pallisses si no fan el que se'ls mana; una indefensió total que les du a un destí programat i pautadament executat, i amb un únic final possible.

A la presó d'Alcalá-Meco érem set-centes dones, moltes de les quals havien acabat allà empeses per les parelles o fent de comparses dels seus delictes. Al mòdul de respecte, on érem la Dolors i jo, la majoria de les dones eren joves i molt joves, de vint-i-dos a trenta-dos anys; nosaltres érem de les més grans. La majoria havien portat droga, algunes utilitzant el seu propi cos, des dels països d'origen a Llatinoamèrica —sobretot des de Colòmbia, el Perú, l'Equador i el Brasil— fins a Europa.

D'això se'n diu fer de mula, i en català s'hauria de dir fer d'ase dels cops. Ells cobren, ells manen, i elles s'arrisquen. Les dones cobren només una mica menys per transportar substàncies tòxiques al seu propi cos —la més mínima fuita condueix a una sobredosi i a una possible mort—; el que no diuen les estadístiques és que la majoria d'elles tenen un home darrere esperant els diners. Les dones són el transport preferit per molts traficants: més fàcils, més domables, més sotmeses i submises. Tres mil dòlars de mitjana per jugar-se la vida.

Ningú no arriba a fer de mula sense un procés, un procés que es diu pressió, i n'hi ha de tota mena, com els xantatges afectius —«Si m'estimes, fes-ho»— o la figura del ganxo, és a dir, una dona rica que explica a la pobra incauta les meravelles d'haver transportat droga, les coses que s'ha comprat, la facilitat de fer-ho... Però la realitat sempre té l'última paraula. I a moltes les havien enxampat a l'aeroport de Barajas i les havien portat directament a la presó.

Gairebé totes sabien que si les enxampaven haurien de complir la meitat de la condemna, que solia ser de sis a vuit anys, depenent de la quantitat de droga que transportessin, i podrien tornar al seu país amb un bitllet pagat pel govern d'Espanya. Si, igual que a certa edat és fàcil, en conèixer l'edat d'algú, comparar-la amb la pròpia, i jugar una mica al joc banal de si som o semblem més grans o més joves, dins de la presó els números ballen d'una altra manera. Onze anys i sis mesos de condemna per no haver impedit tramitacions parlamentàries i debats relacionats amb el projecte polític de creació d'una República catalana, impulsat per una majoria de la cambra. Tres o quatre anys per tràfic de droga. Impossible no pensar-hi o no comparar-ho.

Així, les dones que feien de mules passaven tres o quatre anys a la presó d'Alcalá-Meco sense veure els seus fills o filles ni les seves famílies. Totes intentaven treballar a la presó per enviar-los diners; eren de classe social molt baixa, amb criatures petites que havien deixat amb els pares —generalment la mare, de vegades amb una germana— i havien fet el viatge per fugir de la misèria i amb la promesa de guanyar uns diners que les portarien, a elles i a les seves famílies, a una vida millor.

Algunes havien tingut molt mala sort i les havien enxampat al primer viatge, d'altres havien sigut més afortunades i havien pogut treure uns quants milers de dòlars per a la família i els seus fills. Deien que amb aquests diners als seus països podien viure gairebé un any.

Feien el viatge sense cap seguretat sanitària ni jurídica, algunes ignorants del perill que suposava portar droga dins del cos, d'altres sabent-ho, però empeses per la misèria i la desesperació. Una d'elles, la María, ens va dir que es va assabentar que estava embarassada quan a l'aeroport li van fer una ecografia per detectar-li la droga.

Quan les detenien les atenien advocats d'ofici, que ràpidament els explicaven que podien demanar tornar al seu país i, a canvi, només complirien la meitat de la condemna. Les que no volien tornar al seu país d'origen tenien veritables dificultats per sortir-se'n.

En general es prenien l'estada a la presó amb força resignació, i suportaven les privacions i la falta de llibertat millor que les espanyoles. Totes eren molt religioses, creien que si aquella era la voluntat de Déu, segur que era per algun motiu, i consideraven la situació un designi diví i potser fins i tot una possibilitat de canvi; les més afectades eren les brasileres, potser també perquè eren les menys religioses.

Jo hi veia pobresa, destí marcat, ignorància, dones enganyades, dones utilitzades, dones víctimes una vegada i una altra.

Totes deien que Alcalá-Meco era «como un colegio de señoritas», que el menjar era bo, el llit també i «los funcionarios muy buenos», que als seus països les presons eren molt dures, i calia pagar per un matalàs i per un menjar decent, que elles a la presó del seu país no sobreviurien, i que havien tingut sort que les agafessin aquí.

Un percentatge molt significatiu de les dones amb qui vaig parlar em van dir que havia estat la parella qui els havia fet la proposta de transportar la droga a Europa, parella que, en molts casos, quan les tancaven a la presó les ignorava.

Les dones d'Alcalá-Meco, com la majoria de les que he conegut a la presó, no es consideraven feministes; al contrari, algunes m'explicaven que no ho eren i que no els agradava el feminisme; el consideraven perjudicial per als seus interessos i corrien a desmarcar-se'n sempre que en tenien l'oportunitat, malgrat que moltes actuaven com a feministes davant de la vida i per la manera com encaraven el futur. Eren feministes i actuaven com a feministes sense saber-ho, però els havien fet creure que ser feministes significava ser persones desconsiderades amb la família, males mares i persones que professaven odi als homes i a la vida en parella.

Si fa no fa, és com el que passava a Catalunya fa cinquanta anys. Avui ens definim amb orgull com a feministes, i a aquelles dones els diríem: «Si no sou feministes, estaríeu disposades a renunciar a tot el que han aconseguit les feministes?». El dret a treballar, a estudiar, a votar... Aquesta és una de les armes del masclisme: estigmatitzar el feminisme convertint-lo en un adjectiu que signifiqui una cosa així com «males dones». Però no importa el nom si les conviccions que ens duen a la justícia són compartides. A poc a poc, les paraules llueixen amb un significat nou lluny de la discriminació imposada. Com he explicat, el bolígraf lila es va convertir en un bon pretext per parlar d'aquests temes fonamentals, per comprendre el món, però sobretot perquè entenguessin el paper que tenen en una societat que sovint els pren oportunitats i els nega un tracte igualitari.

Avui penso en les dones que he conegut a la

presó, dones que no tornaré a veure, i que mai no s'haurien creuat en el meu camí si no hagués estat a Alcalá-Meco: la Juliana, la Laura, la Susana, la Mercedes, la Catherine i tantes altres que van ser importants en un moment molt dur de la meva vida, dones que tornaran als seus països i per a qui els nostres camins mai més no es tornaran a creuar.

Penso també en les que he conegut a Mas d'Enric, com la Milena o la Sonia, que un dia no van tornar d'un permís penitenciari —primer una i més tard l'altra— i van marxar sense acomiadar-se de ningú. Havia passat moltes hores amb elles, fent esport, passejant pel pati o xerrant mentre dinàvem. No les veuré mai més, i malgrat tot tinc els seus rostres al cap; la vida els havia donat molt poques oportunitats de ser felices, em deien. L'Amelia, que volia recuperar la seva criatura de mesos, no sé si ho deu haver fet; la Mireia, que havia tingut molt mala sort amb els homes, em deia, no sé com li deu anar. Dones que mai no hauria conegut, ni hauria sabut que existien vides com les seves, i que en canvi van arribar a formar part del meu dia a dia. Moltes em van ajudat, ens vam ajudar mútuament, a superar els dies grisos i tristos de la presó.

Totes aquestes dones han comès errors, són

delinqüents, però la majoria també són víctimes. No em cansaré de dir-ho. N'hi ha que han nascut a la presó de Wad-Ras i al cap dels anys hi han tornat com a preses i hi han tingut els seus nadons, perquè és l'única de Catalunya on es permet que les mares estiguin amb els fills fins als tres anys. N'hi ha altres que han patit maltractaments, violència masclista; alguna ha estat violada, moltes vexades, humiliades i oblidades. La Isabel se'n va anar de casa als tretze anys, perquè els seus pares eren drogoaddictes i no se n'ocupaven, i va acabar amb un home que la maltractava. Algunes han anat molt poc a l'escola, d'altres no saben ni llegir ni escriure. Algunes, especialment les gitanes, s'han casat als quinze anys i amb poc més de trenta ja són àvies. N'hi ha que no volen sortir de la presó perquè és casa seva i els fa por la vida a fora, on tenen marits que les maltracten o no tenen ningú que les esperi.

D'altres no tenen vuit-cents euros per pagar la fiança i s'enfonsen perquè no troben cap mà on agafar-se; si tens diners, surts més ràpid i trigués molt més a entrar, de vegades ni entres. Estic tipa de veure internes que coneixen l'advocat que les defensa un moment abans del judici. La llei diu que tenen dret a un judici just i a la millor defensa possible, però la justícia no ha estat mai igual per a tothom, i ara i aquí tampoc.

No sé si d'aquí a uns anys les recordaré a totes, però a moltes mai no les oblidaré. M'ho prometo a mi mateixa i sé que compliré la meva paraula. Hi ha vivències i impressions massa fortes perquè caiguin en l'oblit.

A la presó aprens a sobreviure per viure; es fa la viu-viu, es bescanvien coses, tant se val que sigui roba, sabates, cremes, tabac, medicines que no es prenen i s'amaguen sota la llengua, drogues... Es compra i es ven, es deixen i es tornen coses, es fan rutines, jo te'n deixo un i tu me'n tornes dos. La majoria de les internes, fins i tot aquelles que no ho sembla, s'aprofiten de les necessitats de les altres, fan usura, es criden, es peguen, s'insulten, es malparlen i també s'ajuden. Es cobra per tot, no hi ha res de franc: si et pinto les ungles, et pentino o et tallo els cabells, em compres tabac o qualsevol cosa a l'economat. No es diu, no se'n parla, no s'explica, però tothom ho sap i ho fa. També es roba, unes més que altres i a unes més que a altres, i es barallen avui i demà són més amigues que mai.

Com passa amb tots els temes complexos, conviuen diferents explicacions, diverses justificacions, i normalment no hi ha una sola manera de veure-ho. A mi em passa. Per una banda m'agradaria sacsejar-les anímicament perquè es responsabilitzessin de tot allò que fan, que intentessin ser sempre justes i honestes, i que totes les coses dolentes que els passessin fossin només culpa de la mala sort o d'un sistema injust i poc curós amb els més necessitats. Evidentment no és així, moltes són delinqüents. Però després sempre hi afegeixo: són delinqüents, però moltes també són víctimes, i per això intento ajudar-les. És cert també allò que va dir Maria-Mercè Marçal, que les dones som dones, el sector més castigat socialment, però no per això som santes.

Així que el que miro de fer és millorar-los la vida tant com puc dins de la presó i donar-los l'oportunitat de saber que hi ha persones que les ajudaran sense demanar res a canvi.

Per a mi això és molt important, aquest «sense res a canvi». Té a veure amb el fet de recuperar la fe en l'ésser humà. És una reconciliació amb la humanitat, perquè les bèsties que han abusat d'elles des de la infantesa no es poden anomenar persones. Que vegin que l'ésser humà també pot ser generós, bondadós, just, i que tot això ho fa gratuïtament, o per una recompensa molt més profunda i necessària: per ser de veritat persones, per ser algú una mica més elevat i més digne. Podem estar envoltats de misèries humanes i vitals, però amb la nostra actitud podem emergir per sobre de tanta misèria (una misèria entesa en sentit genèric i que afecta des de la pobresa d'esperances fins a l'escassetat de coneixements o la precarietat de recursos).

A la presó hi ha les llestes, les espavilades, les controladores, les que se senten orgulloses de no pagar impostos i viure al marge del sistema, però aprofitant-se'n, utilitzant tots els serveis de franc, com volen i quan volen. Moltes d'aquestes actituds, però, amaguen moltes debilitats: dones joves, mares novelles i no tan novelles, que no saben llegir, que han tingut poques oportunitats d'aprendre'n, que tota la vida hauran de dependre dels homes de la família o d'altres persones perquè els llegeixin tant les resolucions judicials com els documents més importants de la seva vida. Intento fer-los-ho veure, fer-los entendre que no poden posar les seves vides en mans de terceres persones per molt que les estimin, que han d'espavilar-se pels seus fills i per elles.

Que aprenguin a llegir, aquest és el meu primer objectiu, i també el de la presó. I ho intento, i algunes vegades s'aconsegueix posant al seu abast tota mena de recursos: les classes de la presó, la biblioteca, el meu temps i la meva persona.

Cada nova reclusa que aprèn a llegir és el naixement d'una persona més lliure. Quantes ho han aconseguit? Quantes han abandonat? Quantes hi tornaran? Són èxits que no es poden valorar per números: tal vegada per a una d'elles en concret ara no és el moment, però un dia tot el que hem parlat retornarà i l'impulsarà a fer-ho, una altra aconseguirà estudiar el graduat escolar, una més ni ho intentarà i defallirà... Però cada dona que lluita, cada dona que té noves idees i possibilitats, ens fa guanyar sempre a totes.

Recordo moltes anècdotes viscudes que formaran part de la meva història i de la meva vida, potser també de la d'elles, no ho sé, i segurament no tindré ocasió de preguntar-los-ho perquè no ens tornarem a veure; sé que una part important de les dones que són a la presó, quan surten, no volen sentir-ne a parlar, construeixen un mur de silenci i oblit entre elles i la presó, s'allunyen de tot allò que els la recorda i destrueixen tot el que a dins han construït. D'altres mai no la podran oblidar, perquè hi tornen a entrar al cap de pocs mesos, de vegades setmanes després d'haver-ne sortit; ho han convertit en el seu *modus vivendi*, i és i serà l'únic que coneixeran. Sigui com sigui, ni a les que es volen allunyar del passat a la presó ni a les que hi tornen a entrar, no les tornaré a veure i no sabré si formaré part de la seva vida, com algunes de la meva.

Aquest també és un altre aprenentatge important, no fer les coses només pensant en els meus —en el sentit d'amics, família, espai comú polític, social, ideològic— sinó fer mentre sigui possible, fer cada cop que la realitat ho permeti, sense mirar més enllà, intentant que aquell moment compartit sigui positiu. Potser això és viure, millorar tots els instants que el present ens regala. Però no sempre és fàcil, jo personalment sé que no soc algú amb una gran capacitat de despreniment, i que a moltes d'elles les enyoraré i les recordaré sovint.

Perquè hi ha dies, fets i persones que se't queden gravats al cap i al cor, i jo tinc alguns dies, alguns moments, alguns fets i algunes dones de la presó gravats a la memòria. Records gravats amb una matèria que crec inesborrable.

Per celebrar el dia de la Mercè, que és la patrona dels presos i les preses (i se celebra cada any i a totes les presons), es fan molts actes: xerrades, actuacions musicals, presentacions de llibres, etc., i anys enrere també es feia un bon àpat, que és el que més troben a faltar els interns i les internes. Durant els dos anys que vaig estar a Mas d'Enric també es va fer una missa, de fet es fa cada any, que va oficiar l'arquebisbe de Tarragona acompanyat del capellà de la presó. Hi vaig anar perquè els arquebisbes —en van ser dos de diferents perquè un es va jubilar— havien demanat parlar amb mi i vam aprofitar per fer-ho després de l'ofici, i he de dir que les dues misses van ser molt més boniques, amb més devoció i més caliu humà que totes aquelles a les quals havia assistit fins a aquell moment. Em van cridar l'atenció la fe, l'esperança i l'amor que els interns i les internes dipositaven en aquells oficis, que traspuaven durant tota la cerimònia.

En una d'aquestes celebracions de la Mercè van venir la Glòria Roig i la Silvana a fer jocs de màgia a la sala d'actes de la presó (són les que em van donar els clauers per fer la bosseta de Nadal), i em van donar unes papallones de paper i un joc de mans perquè l'hi fes a en Jan quan em vingués a veure. Havien vingut la setmana anterior al mòdul de dones i recordo que per poder venir van haver de comprometre's també a actuar a la sala d'actes per a tota la presó. No em va agradar que se sentissin obligades a venir o que les fessin venir perquè en poguessin gaudir també els interns, perquè elles només volien actuar per a les dones i, si hagués estat a l'inrevés, no sé si les haurien fet venir també per actuar per a nosaltres les dones. No em vaig queixar perquè a la presó no hi ha ocasions de gaudir d'espectacles, i benvingut sigui que els homes puguin veure màgia, però la realitat és que la presó és un reflex de la societat i que algun episodi similar també hauria passat fora. En canvi, no es va fer la paradeta que ens havien promès per poder exposar i, si calia, vendre les manualitats que fem al taller de dones. A la reunió setmanal del mòdul ens vam queixar a la direcció i vam aconseguir que es fes tres mesos després, a finals del 2019.

Recordo també que aquests dies va venir en Toni Albà, que va fer de rei emèrit; els interns i les internes van riure molt, l'hi vaig agrair moltíssim; espero que la nostra estada a la presó serveixi per obrir aquestes institucions a la població i perquè cada cop vinguin més artistes a fer actuacions de manera altruista. En Toni em va dir que havia anat tres vegades a la presó de Brians. Mentre a Mas d'Enric gaudíem de l'espectacle d'en Toni Albà, havia començat el debat de política general al Parlament de Catalunya.

Vaig veure a la televisió que la Lorena Roldán intentava criminalitzar l'independentisme i convertir-lo en un projecte violent, i per això mostrava al Parlament una foto de l'atemptat d'ETA a la caserna de Vic de l'any 91; vergonyós, infame, va escalfar l'ambient. L'endemà al matí vaig veure imatges escandaloses mentre explicaven que havien detingut algunes persones a Catalunya acusades de tinença d'explosius. Però el més important d'aquells dies per a mi, i per això ho recordo, va ser el naixement del meu net uns dies abans del previst. Vaig anar a l'hospital a veure'l; l'únic motiu d'alegria i felicitat de tot el temps que vaig ser a Mas d'Enric va ser el naixement del meu net, i per primera vegada des que era a la presó vaig poder sortir per anar-lo a visitar. És inexplicable l'emoció que sents quan saps que el podràs veure encara que sigui una estona i que el podràs abraçar; les abraçades van molt cares quan ets a la presó.

Vaig comprar tots els dolços i caramels que hi havia a l'economat per convidar totes les internes a celebrar el naixement d'en Guiu, i amb l'ajuda de les funcionàries vam preparar unes safates per treure al menjador a l'hora de les postres; encara no sabia si em deixarien sortir, tot i que ho havia demanat dos dies abans. Mentre dinava, l'Antònia, una gran professional i millor persona, em va dir que m'havien concedit el permís per anar a l'hospital, i vaig tenir una alegria immensa; em pensava que no me'l donarien, ja que l'advocada m'havia dit que era molt difícil i que el Tribunal Suprem s'havia mostrat insensible en altres ocasions. En conèixer el meu permís, les companyes van aplaudir. Aquell moment de solidaritat, entre totes, aquell aplaudiment espontani i sincer, va significar molt per a mi. Em vaig sentir part d'elles, i elles de mi.

Aquells dies també recordo que vaig convèncer la Mamen, una interna molt complicada, perquè treballés amb mi al jardí. El primer dia que em va dir que sí no vaig anar al poliesportiu... Estava tan contenta que volgués treballar! Perquè era molt jove, vint i pocs, i estava molt perduda i s'havia convertit en víctima de les males influències de fora i de dins de la presó; pensava que si s'interessava per alguna cosa, si la podia convèncer perquè fos la responsable del jardí, tindria altres coses en què pensar, se sentiria útil i li pujaria l'autoestima. Es va esforçar i tot el que vam fer va quedar bé; ella va estar-ne orgullosa i va continuar treballant al jardí amb mi fins que va sortir de Mas d'Enric, a principis del 2020.

Mentre jo em preocupava pel jardí i perquè hi hagués algú que se n'ocupés quan jo no ho pogués fer, al Parlament s'esdevenien dies horribles. És cert que tenia la intenció de viure dins de la presó, sent capaç de veure el que m'envoltava i les que m'envoltaven. Però no estem fets d'una sola peça —pel que fa a les conviccions sí, però els sentiments i les emocions no sempre són controlables—, així que aquells dies no podia apartar-me mentalment del Parlament. Em recordaven els pitjors dies de l'onzena legislatura. Recordo molt bé les baralles, les bronques i la falta de respecte per la institució, que vaig patir sense poder fer-hi res. La barreja de sentiments i emocions que sentia, els nervis, el nus a l'estómac, la tensió, el sofriment. Ciutadans continua igual que llavors, tensant i tensant; és la seva manera de guanyar vots, i estàvem a les portes d'unes noves eleccions. Recordo la pressió constant a la Mesa i al Parlament, i passés el que passés a la presó, jo també era al Parlament i a la Mesa.

Una de les coses que he après és que sense reivindicació no hi ha canvis, que amb la docilitat i el conformisme normalment no s'arriba mai a la justícia. Perquè els indiferents (i encara més els opressors) només reaccionen contra les actituds que els resulten incòmodes. Recordo també que el 28 de setembre, que va ser l'aniversari de la meva germana i no li vaig poder trucar, vaig comentar a la Meritxell, una de les internes més ben informades, que no em quedaven trucades, que havia gastat les deu setmanals que tenia pel naixement del meu net. Ella em va dir que si tenia la lletra «A», que significa bon comportament, en podria tenir tretze a la setmana, encara que estigués en presó preventiva, com era el meu cas, perquè encara trigaria un parell de setmanes a rebre la sentència. Com podia ser que no me n'hagués assabentat si feia molts mesos que era a Mas d'Enric? Senzillament em va passar com a moltes altres internes, allò que jo tant havia criticat: que m'havia conformat, que no havia preguntat, que no havia insistit. Allò em va servir per, a partir d'aquell dia, qüestionar-ho encara més tot; si m'havia passat a mi, com no els havia de passar a les altres internes que havien entrat a la presó amb menys oportunitats i coneixements que jo? Vaig fer una instància ràpidament per demanar les tretze trucades; per a qualsevol interna és importantíssim tenir el màxim de trucades cada setmana per poder comunicar-se amb l'exterior.

Precisament va ser la Meritxell qui em va dir que havia vist al Telenotícies que els companys de Lledoners anirien a les llistes de les eleccions espanyoles del 10 de novembre i em va preguntar si jo hi aniria, i li vaig dir que no. Vam estar comentant amb la Meritxell i un parell de companyes més que les dones som diferents, que potser no tenim tanta necessitat de reconeixement públic. Efectivament, l'endemà tots els diaris portaven la notícia.

Recordo molt que durant aquests dies tothom que em venia a veure em preguntava què havien de fer quan sortís la sentència, com calia respondre-hi; jo intentava no enfadar-me, em feia ràbia que no sabessin què havien de fer ni com contestar a la sentència, especialment si qui m'ho preguntaven eren diputats i diputades o membres del Govern, i els deia que fessin el que fossin capaços de fer, i després en comentar-ho amb algunes internes em deien que no patís, que no em caurien gaires anys perquè no havia fet res de dolent; elles encara no entenien quin era el delicte que havia comès, no entenien que permetre una votació o desobeir el Tribunal Constitucional pogués ser un delicte. Quan va sortir la sentència, vaig entendre per què em preguntaven què havien de fer: en realitat no ho sabien, ni el Parlament ni el Govern no van estar a l'altura.

Les internes de Mas d'Enric havien seguit el judici més per solidaritat amb mi que per interès en la política, i no havien entès ni la meitat dels arguments ni dels uns ni dels altres, ni d'acusadors ni de defensors. Sí que sabien que el judici era per la votació de l'1 d'octubre, de fet només una de les internes que en el moment de la votació estava en llibertat havia anat a votar, però no entenien quin paper hi tenia cadascun dels acusats i acusades i per què ens demanaven tants anys de presó si ningú no havia pres mal.

No esborraré mai de la memòria el dia 14 d'octubre del 2019, el dia que em van comunicar la sentència, com tampoc oblidaré la solidaritat de les companyes, que no entenien com podia tenir jo una de les condemnes més llargues del mòdul de dones de la presó si no havia comès cap delicte greu, si moltes encara no entenien on era el delicte del que havia fet. A Mas d'Enric només hi havia una interna, jutjada i condemnada per assassinat amb agreujants, que tingués una condemna més dura que la meva. Vaig intentar superar la sentència amb el suport de les persones que m'estimen, però també intentant millorar la vida de les internes.

Vaig tornar-me a centrar en tot allò que m'envoltava, a consolidar tot el que havíem aconseguit i a assolir tot el que pensàvem que ens faltava: els cursos de formació, el jardí, les reunions, la feina, tot el que creia que podia millorar amb la meva intervenció i que suposava una incidència positiva, directa i possible. Però no tot el que semblava possible acabava sent-ho. I una de les coses que em vaig proposar va ser ensenyar-los a reciclar, i he de confessar que no me'n vaig sortir. Les internes no sabien ni volien ni intentaven reciclar, no ho trobaven necessari ni els interessava, no tenien cap interès per l'ecologia i el medi ambient. Vaig tornar a viure el dia a dia amb les internes, esperava les visites familiars, veure els meus nets, els meus fills, la mare, en Bernat; sentia el batec de la presó, amb les coses bones i les coses dolentes.

I un dia del mes de novembre, que sempre recordaré, la Laura i en Joan van sortir en llibertat; eren dos dels joves que van detenir, a Tarragona, arran de les manifestacions contra la sentència del Procés. Quan van entrar a Mas d'Enric em sentia una mica culpable, perquè si jo no hagués estat a la presó, ells tampoc no hi haurien estat; sé que no té sentit, però no per això pots deixar de sentir-te malament quan veus que un noi i una noia tan joves entren a la presó perquè tu hi ets, perquè van sortir al carrer per protestar per la teva condemna.

La Laura va estar amb mi al mòdul de dones i vaig poder conèixer-la i parlar amb ella molt més que no pas amb en Joan, amb qui només coincidíem en actes o quan ens comunicàvem amb càrrecs institucionals. La presó els va canviar, ha estat la pitjor experiència de la seva curta vida, i malgrat haver-hi passat només un mes, els marcarà per sempre. La Laura és una noia valenta i va encarar la seva situació amb determinació i coratge malgrat els pocs anys que tenia; va demostrar en tot moment el seu valor i va ser molt estimada per totes les internes, que li deien *la niña*. Jo els deia: «No patiu, que sortireu aviat i passareu el Nadal a casa, i encara que ara sigui horrible, veureu com serà una experiència que us ajudarà a madurar». Efectivament, per sort només els van prendre un mes de temps de la seva vida, encara que des del punt de vista humà i personal els van prendre molt més: en Joan va tenir seqüeles durant molt de temps, i la Laura va canviar de prioritats i va trencar la seva parella.

El dia que van sortir en llibertat, a mitjan novembre, ens vam trobar al carrer Major, el carrer central de la presó, al voltant del qual hi ha totes les instal·lacions carceràries; la Laura venia del mòdul i portava la bossa a l'esquena; jo caminava amb pressa perquè sabia que se n'anava i volia abraçar-la i desitjar-li molta sort, tot i que sabia que amb ella sí que ens tornaríem a veure, i de fet va venir a visitar-me tan aviat com va poder. Aquell dia de novembre plovia a bots i barrals; ella duia una bossa de plàstic al cap —a la presó no ens deixen tenir paraigües, diuen que pot ser una arma; com sempre dic, a la presó tot pot ser una arma—, però ens vam reconèixer de lluny i vam córrer a abraçar-nos i vam plorar. Van sortir al mateix moment ella, en Joan i la Lídia; el mateix agent judicial els havia portat la llibertat a tots tres.

La Lídia era de Moldàvia, i va passar un parell de mesos a Mas d'Enric perquè la policia l'havia aturat i no tenia la documentació completa, no sé si la d'ella o la del cotxe que conduïa, i es va haver d'estar a la presó fins que l'hi van poder arreglar. Era una dona excel·lent que ho va passar malament perquè mai no hi hauria d'haver entrat i no era el seu lloc, estava molt sola; només parlava amb una interna romanesa fins que em va demanar per treballar al jardí, on era la millor amb diferència: era pagesa i havia fet de pagesa, conreant vinyes al seu país, i la terra li agradava; de fet, al jardí hi feia la feina més dura. En marxar la Lídia, em va dir que se n'aniria a Alemanya, on l'esperava la família, i jo li vaig dir que no l'oblidaria i que havia deixat la seva empremta en una presó catalana.

Soc conscient de la frase que acabo d'escriure: «Ho va passar malament perquè mai no hi hauria d'haver entrat i no era el seu lloc».

L'endemà, mentre anàvem a ioga, la María em va explicar que a la presó s'havia alliberat del seu marit, li vaig respondre que era una mica tard —tenia setanta-quatre anys—, i ella va dir que quan sortís, que seria aviat perquè el seu advocat era molt bo, tot seria diferent, que estava esclavitzada però que el fet d'estar en mòduls diferents li havia anat molt bé; això sí, l'estimava molt i deia que era molt intel·ligent.

He vist algunes persones entrar a la presó per estafes milionàries, especialment en el sector immobiliari, i casos d'estafadors que amb bons advocats i recursos han trigat més de vint anys a arribar a la presó. Persones classistes, superbes, molt conservadores, que es creuen molt espavilades tot estafant el sistema. Persones potentades que, al cap de vint anys d'esquivar la presó després d'embutxacar-se milions, quan hi aterren, ho fan només per un curt període de temps, mesos, perquè tenen advocats prou bons per esquivar o burlar el sistema. Així que sí, puc afirmar que en aquest Estat surt molt més barat robar milions que posar sobre la taula temes i llibertats que, ara com ara, semblen intocables.

Recordo el dia que la Paula em va dir que

volia parlar amb mi perquè en aquell moment jo estava sentint —i no pas mirant— a la televisió, amb una altra interna, que l'expresident del Govern espanyol Mariano Rajoy explicava que la tardor del 2017 hauria aplicat igualment el 155 encara que no s'hagués declarat la independència, i que el president Puigdemont estava satisfet que ho admetés públicament, perquè ell ho havia dit i que per això no tenia sentit no declarar la independència; vaig pensar que hauria estat bé explicar-ho aquells dies d'octubre, els ciutadans i ciutadanes necessitàvem saber-ho.

La Paula em va tornar a dir que volia parlar amb mi; era una de les noies més problemàtiques de Mas d'Enric: una gitana jove, de poc més de trenta anys, tenia una filla de setze anys casada i una neta. Em va explicar que tenia més fills que estaven amagats a casa de familiars perquè no els trobés la Direcció General d'Atenció a la Infància, els hi prengués i els portés a un centre de la Generalitat. No estaven escolaritzats, tot i que em va dir que els grans sabien llegir i escriure. Aquesta situació no era estranya a la presó; cap presa volia tenir els fills sota la tutela de la Generalitat, ho vivien com si fos un segrest.

També vaig parlar amb la Luisa, que s'havia embolicat amb un pres perillós i conegut en el món de la droga, que estava complint condemna per haver matat la seva primera dona embarassada i ara en tenia una altra i fills al carrer. La Luisa em va explicar que volia canviar de cel·la perquè la seva companya es passava la nit fent sexe per telèfon, aconseguit d'estranquis, amb el seu marit, que també era a la presó.

La Trini em va explicar que el seu pare i el seu germà també eren a Mas d'Enric i l'havien amenaçada perquè havia deixat el marit, que era en una altra presó, i tenien una ordre d'allunyament, però li feia pànic trobar-se'ls quan anava a comunicar.

Totes aquestes dones són víctimes, però no volen reconèixer-ho; ben just saben llegir i escriure; casades des de molt joves, no es poden divorciar perquè diuen que les famílies les amenacen. Evidentment, totes volien que les ajudés i jo volia fer-ho, però com es pot ajudar en aquesta situació? Què podia fer tret de demanar-li a una que s'allunyés de la seva parella, que era un assassí i un maltractador, a l'altra que escolaritzés els fills, que aprenguessin a llegir i escriure...? Penso que no van fer cas de cap dels meus consells, potser en el fons només volien que les escoltés; a la presó hi ha molta necessitat de parlar i de ser escoltada. Quan me'n vaig anar de Mas d'Enric continuaven igual; hi penso de vegades perquè són casos colpidors, unes víctimes que continuaran sent-ho. Les vides d'algunes internes són calcades.

Recordo les baralles; els dies que hi ha baralles, ho notes a l'aire; no saps per què, però hi ha quelcom a l'ambient que et diu que passarà alguna cosa. He presenciat moltes baralles, un parell de fortes, totes dues al menjador a l'hora de dinar i totes dues iniciades per la mateixa persona, la Lucía, per a mi la interna més violenta de tota la presó, encara que no ho semblava. Aquell dia els funcionaris d'altres mòduls van haver d'intervenir per aturar les internes, que es colpejaven amb una agressivitat i una violència extraordinàries; les anteriors havien estat més suaus i les van poder aturar les funcionàries del mòdul. No puc dir que passés por perquè no en vaig passar —bé, potser una mica perquè va ser molt dur i vaig sortir corrents del menjador—, i perquè l'experiència t'ensenya que si no t'hi fiques, no reps, però vaig plorar perquè aquell dia vaig tenir més consciència que mai que aquell no era el meu lloc, que allí no hi feia res. Vaig desitjar més que cap altre dia ser en un altre lloc, en qualsevol altre lloc i amb altres persones.

A la presó hi ha molts insults, amenaces, assetjaments i por.

Recordo un dia que la Vane em va dir que la Josefa i la Geno l'havien amenaçada perquè la seva exparella, que a més era el seu cosí germà (a la presó vaig descobrir que entre els gitanos no és estrany aparellar-se amb familiars), ara sortia amb una amiga de la Josefa i no volien que s'hi apropés.

La Vane era, diu que ara ja no ho és, addicta a la cocaïna, i va estar molt de temps sense anar a l'escola ni fer el programa individual de tractament, perquè aquesta parella, que ara l'havia deixada, no li permetia sortir del mòdul, tot i que ell sí que feia el seu programa individual de tractament i tenia els corresponents permisos de sortida. Vaig aprofitar aquesta situació per renyar-la i fer-li la reflexió que li havia fet temps enrere sobre la seva autonomia i la seva llibertat; ara es trobava sola i sense poder sortir per haver fet cas de la seva parella, i ella es va posar a plorar i l'endemà es va apuntar a l'escola, que a més va resultar que li agradava molt.

També vaig voler parlar amb la Josefa i la Geno perquè m'expliquessin la seva versió; a la presó, com a tot arreu, les coses no són blanques o negres, sinó que estan plenes de matisos grisencs.

La mare de la Josefa va abandonar-la quan era petita i no va conèixer el seu pare. Tenia quatre fills i trenta i pocs anys, una filla de quinze anys que es volia casar, una altra de catorze que seguia el mateix camí i dos fills petits; tots quatre vivien amb la sogra, i el seu objectiu, i em va dir que també la seva prioritat, era recuperar-los quan sortís de la presó. La sogra, deia, l'odiava perquè mai no li havia perdonat que deixés el seu fill perquè era drogoaddicte; ara feia anys que era mort.

A la Josefa li costava molt estar sense parella, tenia moltes mancances afectives i les suplia amb parelles; si li agradaven no pensava en les conseqüències, era absolutament visceral; em costava entendre el seu comportament. Pel que em va dir, sempre havia gestionat malament les relacions amb les parelles i la majoria l'havien maltractada; el primer va ser el seu marit, amb qui es va casar als quinze anys, igual que volia fer la seva filla. Li vaig explicar que no podia permetre que la seva filla passés pel que ella havia passat, que amb quinze anys no es podia casar, que havia d'anar a l'escola, que havia de ser independent i viure per ella mateixa. La Josefa em queia bé, era la més ploranera de totes les internes; de la mateixa manera que era visceral, era apassionada i emotiva.

La Geno va néixer a la presó de Wad-Ras; la

seva mare va morir a conseqüència de la droga, el seu pare va morir abans. Quan tenia sis anys acompanyava la mare i l'ajudava a robar; la seva mare robava a la gent pel carrer, després es deixava caure a terra i tancava els ulls, i ella cridava a les víctimes dels robatoris: «¡Has matado a mi madre!», i la víctima, espantada, se n'anava corrents. «Tienes que comprenderlo», em deia, «estava enganchada, no era mala persona».

La Geno no sabia res de política, ni coneixia cap polític ni li interessava, però era espavilada i potser, només potser, se'n podrà sortir. Es va guanyar la confiança de la direcció de la presó i va aconseguir treballar en un bon lloc, tot i que no hi va durar gaire perquè té un caràcter rebel i es va enfrontar a l'encarregada perquè li costava mantenir la disciplina i seguir les normes, especialment durant la pandèmia de la Covid-19. Només havia treballat un cop, de dependenta en un forn, una feina que li havien aconseguit després de la primera condemna; em va confessar que la costava rebre ordres, però entenia que si volia tirar endavant havia de canviar i sempre deia que estava disposada a fer-ho. Quan tornava de la feina em deia que estava molt cansada perquè mai no havia treballat i que no li agradava que la manessin; jo li deia que a totes les feines sempre hi ha algú que mana. Va demanar un trasllat de presó per estar més a prop de la seva filla i se'n va anar unes setmanes abans que jo em traslladés a Wad-Ras.

Com la Josefa i la Vane, necessita un lloc per quedar-se quan surti; si no els aconsegueixen, tard o d'hora tornaran a entrar a la presó, ho he vist altres vegades.

Els dies que es dona la llibertat a algú sempre es recorden perquè es viuen amb autèntica passió, no només per part de les internes, que surten immediatament després de l'arribada de l'agent judicial, sinó per totes les companyes; és una alegria col·lectiva i es desborden les emocions; hi ha molts crits i molt soroll. També es viu amb molta intensitat l'arribada dels primers permisos, i pels volts de Nadal en solen arribar molts, no sé si és perquè els jutges s'estoven o perquè es fa realitat la dita de «Per Nadal, cada bèstia al seu corral».

Pocs dies abans de Nadal va sortir en llibertat condicional la Fatiha, tenia cinquanta-tres anys; era una de les internes grans de la presó. Seia a la meva taula durant els àpats i intercanviàvem les torrades i la melmelada; em vaig alegrar molt quan va venir a dir-me que em quedava sense torrades. No ens tornarem a veure, serà una més de les moltes dones que hauran passat per la meva vida durant una època difícil i dura. Vam conviure intensament durant sis mesos, cada dia vam menjar a la mateixa taula i vam fer esport al poliesportiu, i ara seguirem camins diferents. Va entrar a la presó per un delicte relacionat amb el tràfic de drogues. No sé si ho continuarà fent, mai no en vam parlar, no li agradava parlar-me'n malgrat la bona relació que vam tenir.

També recordo el primer permís de la Manuela, perquè va cridar i xisclar tant que ens pensàvem que li havia passat alguna desgràcia. La Manuela tenia tres fills de tres pares diferents; un estava amb la família del marit —mort a conseqüència de la droga, com tants marits de dones que són a la presó—, l'altra era una nena que vivia amb la mare del pare, una paia, em va dir: «Es una señora como tú, por esta no sufro», però la més petita vivia amb el pare i l'home li feia xantatge emocional amb la nena perquè continués amb ell. La Manuela és reincident, ha estat entrant i sortint de la presó durant tota la seva curta vida, malgrat que sempre diu que «esta será la última vez».

I recordo el dia que va sortir en llibertat la Carme, a qui li agradava que jo li digués Carme, però les altres internes li deien Mai; em parlava molt de les seves filles perquè vivien a Sabadell i en certa manera compartíem llocs i espais, tot i que elles feien molta vida al barri. Com que eren menors d'edat no podien venir soles a visitar-la i l'àvia paterna no les hi volia portar; de fet no deixava que es parlés de la Carme, i quan ho feia, era per dir-ne pestes. Una vegada vaig entrar-li un paquet de roba perquè no tenia ningú que l'hi pogués fer. La seva filla gran va portar la roba a casa meva i en una visita la meva família me la va portar com si fos per a mi; crec que encara hi ha un jersei a casa que no van deixar entrar perquè tenia un guarniment metàl·lic i ningú no l'ha vingut a recollir. A casa meva van mirar bé el paquet abans de portar-lo; a la presó els havien avisat moltes vegades que no entressin res per a cap interna. Quan la Carme sortís no tenia on anar, no tenia feina ni ofici ni benefici, però era espavilada; a la presó tenia una bona feina i la feia molt bé, així que se'n podrà sortir, però és terriblement individualista; suposo que la vida l'ha fet així. La darrera parella la maltractava i vam aconseguir que el deixés; era un pres que estava en aïllament i que deia que quan sortís volia matar-la perquè l'havia deixat. La Carme va sortir de Mas d'Enric en llibertat total poc abans que a mi em traslladessin a la presó de Wad-Ras; no sé com li deu haver anat, no crec que ens tornem a veure.

El dia abans de Nadal va venir a veure'm a la presó el secretari general de Mesures Penitenciàries, i vaig aprofitar l'ocasió per parlar-li de la injusta situació d'algunes internes, perquè de vegades les mesures penitenciàries serveixen per corregir els errors judicials: és un tòpic, però és la realitat. La Marta continuava a la presó per un error i calia accelerar-ne la sortida; el dia del judici no va arribar a entrar a la sala perquè els advocats i el jutge van arribar a un acord. La Marta havia passat més de dos anys a la presó, però segurament si hagués pogut pagar un bon advocat o si l'advocat d'ofici se n'hagués preocupat més, no hi hauria entrat. La realitat és que no va parlar amb l'advocat fins al dia del judici, quan ja havia passat dos anys a la presó. La presó és injusta, ho sabem, i la Marta n'és un exemple. L'havien involucrat en un atracament que havia comès el seu company, i els advocats es van posar d'acord de seguida quan es van reunir abans del judici i li van dir que sortiria al cap d'uns dies, però feia dues setmanes i continuava a Mas d'Enric, i jo volia que passés el Nadal amb la família; no el va passar, no va sortir fins passades les festes, no sé si va ser per la incompetència del seu advocat o per la burocràcia del sistema.

Al secretari general també li vaig parlar de la María, que li havia escrit una carta i n'hi escriuria una altra, perquè els responsables de la presó li deien que no la deixaven sortir a fer visites programades perquè des de Serveis Penitenciaris l'hi denegaven, i en canvi des de Serveis Penitenciaris li deien que aquestes decisions les deixaven en mans dels responsables de la presó. Em va dir, i ho va fer, que l'aniria a veure, i vaig insistir a dir-li que la María feia més de dotze anys que era a la presó i que no havia tingut cap permís, i tot i que el delicte que havia comès era greu, estar tants anys sense sortir no rehabilita ningú, ans al contrari, incapacita i atrofia les habilitats socials. De fet, la presó no rehabilita, la rehabilitació es fa fora; a la presó només hi passes el temps. El millor és invertir tots els recursos per evitar que s'hi entri, o per, quan se surti, evitar que s'hi torni a entrar. L'experiència demostra que hi ha un nombre important d'internes que reincideixen perquè no tenen recursos ni mitjans per sobreviure a fora, i hi ha moltes dones que es veuen abocades a tornar a viure amb les seves parelles, que les han maltractades, o amb les famílies, que les han induïdes a delinquir.

El dia 27 de desembre es va fer per primera vegada l'anhelada paradeta al mòdul de dones que havíem estat demanant durant tot l'any.

Després de fer la trucada diària a la família —cada dia trucava a un familiar diferent per repartir entre tots les tretze trucades setmanals—, vaig anar a veure com havia quedat la parada, que estava molt ben muntada, amb totes les manualitats que havien fet les dones durant tot l'any molt ben exposades; havíem lluitat molt perquè es fes, i era el primer cop que es venien coses a la presó: arracades, polseres, penjolls, ninos i altres coses fetes a mà, principalment, per l'Emília. Van venir alguns nois del mòdul de joves, tot i que van comprar molt poc perquè no tenien diners, i també alguns representants d'altres mòduls, però no va ser una activitat oberta, va ser una prova pilot que, com que va sortir molt bé, espero i desitjo que es repeteixi en altres ocasions i que s'obri a tots els interns, tot i que jo no tindré ocasió de veure-ho ni de participar-hi, però m'alegro molt d'haver treballat per fer-la possible. Alguns caps de servei van comprar moltes coses, i fins i tot el metge; suposo que tots volien col·laborar perquè la prova tingués èxit. La majoria de les dones també van comprar, la María més que ningú, i, com era de preveure alguna es va emportar coses sense pagar.

Les úniques que no es van apropar a la paradeta van ser la Daniela i la Laura, a qui els deien les amish, perquè anaven vestides igual i tot el dia passejaven amunt i avall del pati; no es feien gaire amb les altres. Abans eren nora i sogra; el més estrany és que llavors la Daniela no era parella del fill de la Laura, sinó que en tenia una altra, però com que van estar molt unides mentre ella va ser parella del seu fill, s'estimaven com una mare i una filla o més, perquè la mare de la Daniela mai no va anar-la a veure mentre jo vaig ser a Mas d'Enric.

Malgrat que totes estaven contentes per la paradeta, aquell dia jo me'l vaig passar amoïnada i vaig demanar poder fer trucades extres perquè el meu net estava ingressat; sabia que no era greu, però no suportava no poder estar amb ells en aquells moments, estava enfadada i trista i no tenia ganes d'anar enlloc ni de fer res. Vaig trucar al meu fill; el nen estava millor, però continuava ingressat.

El dia 1 de gener del 2020 va fer 650 dies que m'havien pres la llibertat.

Havia passat un altre any, un any molt llarg, molt dur i molt difícil, i no puc dir que encetés el nou amb il·lusió. Em pensava que el 2019 seria l'any de la meva llibertat i no ho va ser, i no volia pensar ni desitjar res per al 2020; diuen que sempre hi ha esperança, perquè sense esperança no es pot viure, però jo la veia molt lluny.

El primer dia de l'any el mòdul està tranquil: no hi ha esport, no hi ha activitats, no hi ha res, cada any passa el mateix. Al matí vaig intentar treballar al jardí, però em feia mal la cama i m'hi va ajudar la Mamen; n'estava contenta perquè hi posava moltes ganes i treballava bé, i li vaig dir que proposaria que ella fos la responsable del jardí; es va sentir molt satisfeta, tot i que sabia que sola no hi podia estar, encara que la feina la fes ella; necessitava que la guiessin i li diguessin com ho havia de fer. Després vaig fer una mica d'exercici amb l'Ana, vaig escoltar el concert de Cap d'Any i vaig gastar gairebé totes les trucades per parlar amb la família. Vaig passar la tarda del primer dia de l'any sola a la cel·la, escrivint, llegint i contestant cartes.

El dia 4 de gener, ho recordo perquè és l'aniversari d'en Bernat, va venir a la presó la coral d'El Messies Participatiu, que canten *El Messies* de Händel per tot Catalunya; són unes quatrecentes persones i a Mas d'Enric en van venir unes cinquanta. No cabien a l'escenari i va ser fantàstic; ho van fer meravellosament bé. Mentre hi anàvem, l'Alicia em va ensenyar fotos de la seva família —a les internes els agrada molt ensenyar fotos de la família, especialment dels seus fills i filles—; eren de la seva germana, que li ha fet de mare, i dels seus nebots, i em va dir que la seva mare va morir d'un tret que anava adreçat al seu pare quan ella tenia onze anys; la seva família pertany a un clan de la droga molt conegut. Ella va estar un temps acollida a la Direcció General d'Atenció a la Infància, perquè el seu pare va entrar a la presó i va morir pocs anys després per sobredosi, però finalment la seva germana gran en va aconseguir la custòdia i va viure amb ella, però això no sé si la va salvar o la va perjudicar, perquè la germana també va acabar a la presó abans que ella.

L'Alicia sempre deia que li tenien mania perquè cridava molt; tenia un to de veu alt i agut, i de vegades era insofrible. El dia de la coral es va posar a primera fila de la sala d'actes i no parava de parlar; després de fer-la callar unes quantes vegades, em vaig aixecar i li vaig dir que callés o que marxés, i al cap de poc es va aixecar i se'n va anar. Els membres de la coral ho van agrair, i així m'ho van dir quan ens vam acomiadar. Sempre penso que mai podré mostrar prou gratitud a totes aquestes persones per tot el que fan per fer-nos més amable la presó, però l'Alicia es va enfadar i es va passar la resta del dia cridant.

L'endemà, però, em va demanar perdó pel comportament del dia anterior; em va dir que estava parlant amb el noi del darrere perquè s'havia barallat, i era el seu marit des de feia tres mesos —les internes sempre diuen «marit» per referir-se als companys; tant se val si són casades, solteres o si s'acaben de conèixer, per a elles el fet de tenir marit significa estabilitat i estatus—. El cas és que la seva parella s'havia barallat i li havien posat un parell de punts de sutura al cap, però ella estava contenta perquè ell no havia començat la baralla i no li havien fet cap informe negatiu.

El dia de Reis sempre és un dia trist a la presó, potser fins i tot més que les altres festes de Nadal; totes les internes parlen dels fills i dels nets, i el fet que no hi hagi activitats et fa sentir la solitud encara amb més intensitat.

A l'hora d'esmorzar vaig explicar a les companyes que la nit anterior m'havia visitat el patge del rei Baltasar i m'havia preguntat si es portaven bé, i que li havia respost que algunes sí i d'altres no tant, però que totes volien millorar i es comprometien a superar-se i a aprofitar totes les oportunitats que els oferissin, i que per això el rei m'havia deixat regals per a elles a la finestra. Es van posar a aplaudir i després d'esmorzar els vaig donar un braçalet trenat amb roba i amb guarniments d'acer. Totes estaven molt contentes, i quan li va tocar el torn de recollir el regal a la Paula, li vaig preguntar, com a totes, si es portaria bé, i ella em va dir que sí i es va posar a riure, i em va tornar a dir que volia parlar amb mi, que havia millorat, que havia pensat en tot el que li havia dit i que volia canviar si l'ajudàvem. Quan vaig marxar de Mas d'Enric, no havia canviat.

La Dora va voler el regal de Reis i em va dir que li havia sabut greu no haver picat el tió. Em va explicar que tenia una botiga legal de venda de cànnabis, que tenia treballadors, que pagava impostos i que la policia municipal cada any feia les revisions del local. El problema era que el cànnabis era d'una plantació il·legal del seu excompany i de la seva exsogra i que ella no ho sabia, i que el seu excompany l'havia enredat perquè feien la declaració de la renda conjuntament. No sé si em va dir tota la veritat ni si tot el que em va dir era veritat, però feia dos mesos que tots tres eren a la presó acusats d'organització criminal i de tràfic de drogues. La Dora parlava poc encara que li preguntessis; només quan havia de demanar alguna cosa. Crec que li agradava treballar al taller de la presó perquè s'estalviava de ser al mòdul i perquè li agradava fer coses. La Dora és bona persona i la presó no era el seu lloc, això es veia de seguida, com també es veia que quan sortís no hi tornaria, i m'hauria agradat parlar-hi més i potser consolar-la i ajudar-la, però no sé si m'ho hauria permès. Segur que, com jo, no s'havia imaginat mai que aniria a la presó.

El dia 13 de gener del 2020, mentre el president Carles Puigdemont i en Toni Comín s'estrenaven com a europarlamentaris a la seu d'Estrasburg del Parlament Europeu, a la presó tothom parlava de la Mónica, una gitana de poc més de vint anys que en feia dos que era a la presó, i que ara estava en cerca i captura: havia de tornar d'un permís el dia abans a les set del vespre i no ho havia fet. La seva companya de cel·la havia anticipat que potser no tornaria, perquè era la primera vegada que ella i la seva parella, que era en un mòdul d'homes, coincidien els mateixos dies de permís. Normalment a les parelles no se'ls concedeixen els mateixos dies de permís fins que no han fet unes quantes sortides, perquè s'ha comprovat reiteradament que, si coincideixen durant els dies de permís, augmenten considerablement les fugides. Va ser un error del sistema penitenciari? Un error del Departament de Justícia? De la presó? Malgrat que ella havia tornat de tots els permisos que li havien concedit, les que millor la coneixen temien que si sortia al mateix temps que la seva parella no tornaria, com així va ser. La seva parella, que també era el seu cosí, era —i ho deu continuar sent— un eixelebrat, i la Mónica tampoc no era gaire reflexiva; sempre tenia por de quedar-se embarassada perquè tenia relacions sexuals sense cap mena de protecció. No tenien diners, i les seves companyes asseguraven que no sabien on podien ser i que sense feina ni diners tornarien a delinquir; estaven convençudes que els enxamparien aviat i que haurien d'estar com a mínim un any més a la presó, i sense permisos. Els donaven tres mesos de coll, i de fet en van estar quatre fora; els van agafar en ple confinament i van haver d'estar tots dos catorze dies aïllats.

L'endemà la Raquel em va portar una còpia del llibre que la Dolors i la Montse Bassa van escriure a quatre mans perquè el llegís abans de fer-ne el pròleg. La meva veïna de cel·la, la Nana, em va preguntar què llegia i li vaig dir que llegia un llibre que parlava de la presó, de sentiments i d'amor, i em va preguntar si el podria llegir, i li vaig dir que l'hi deixaria, però no va tenir temps perquè poc després va sortir en llibertat. Va ser una de les internes que més vaig trobar a faltar, després de la Laura, perquè era la meva veïna de cel·la i algunes nits ens picàvem a la paret, especialment els dies de Nadal o d'algun aniversari. Quan la sentia plorar li picava, de vegades també la sentia riure quan mirava una sèrie a la televisió, i quan es dutxava i cantava a les set del matí, o quan fumava a la finestra mirant el pati i em preguntava coses de política que no entenia. No suportava que li diguessin que era del Marroc perquè era d'aquí, tenia passaport espanyol i havia anat a l'escola Collaso i Gil i al Milà i Fontanals, i la seva mare tenia una casa a la Costa Brava al costat de la comissaria dels Mossos. Parlava català amb accent de Barcelona, però l'havien agafat vora Tarragona i per això era a la presó del Catllar.

La Nana estava agraïda de ser a la presó; deia que si no hi hagués entrat, ara seria morta per la droga i la mala vida. Li feia por sortir; la llibertat li va arribar de sobte, sense esperar-ho, i estava una mica espantada. Va passar dos anys a la presó esperant un judici que no va arribar mai, i una setmana després que es complissin els dos anys era al carrer. Em va dir que aniria a casa de la seva mare, tot i que era al Marroc; feia anys que no la veia, no li havia dit que era a la presó, i li feia vergonya.

Li vaig fer prometre que aniria a veure sa mare abans de res i em va dir que sí, que tan aviat com li tornessin el passaport, aniria al Marroc. La Nana té alguna possibilitat de refer la vida, perquè ha anat a l'escola, perquè té una família que la pot ajudar i perquè té interès a aprendre; a les tardes després de treballar anava a l'escola. No la tornaré a veure.

També li feia vergonya a la Pepi dir a la seva família que era a la presó, i li vaig dir que era molt pitjor que pensés que havia abandonat els seus fills —des que era a la presó que no els veia— que no pas que sabés que no els visitava perquè estava empresonada. La Pepi no es portava bé amb els seus germans, especialment amb la gran, que també era la que s'ocupava dels seus fills, però sempre que parlava de la mare se li humitejaven els ulls.

El dia 15 de febrer del 2020, dissabte, es va emetre al *Via lliure* de RAC1 l'entrevista que em va fer en Xavier Bundó, però no la vaig poder escoltar, perquè a l'hora que la van emetre estava esmorzant i parlant amb la Meri. Després vaig veure que els titulars de TV3 deien que algun cop havia dubtat de la voluntat de diàleg i que no veia necessari el mediador perquè és una figura per a quan les parts no volen negociar i no era el cas. En tot cas caldria un relator, que és qui pren nota dels acords presos.

La Miriam, que l'endemà sortia en llibertat després de complir una condemna de vuit anys, em va impressionar per la seva valentia: no tenia on anar, no tenia casa; només podia recórrer a la casa d'un amic que li pegava i no pensava anar-hi. Volia recuperar la filla, que estava amb una família d'acollida, i li vaig dir que una família d'acollida era el millor per a la seva filla, que amb ella sense casa, sense feina i sense diners no s'hi podia estar, no tindria futur. Ella em va parlar de la Direcció General d'Atenció a la Infància com si fos una persona, en deia «la senyora Degaia», com si fos qui s'ocupava de la seva filla; em deia «la Degaia es muy buena señora; yo la conozco y se preocupa por mi hija». Suposo que no deu haver aconseguit recuperar la nena, que tenia vuit anys, perquè estava abocada a viure al carrer. Com moltes de les dones que són a la presó, la Miriam tenia problemes mentals; va matar una persona amb les mans i se les rentava constantment. Les seves veïnes de cel·la sentien l'aixeta oberta tota l'estona. Abans també es rentava al lavabo del pati, però al final van aconseguir que només ho fes a la cel·la. Em va dir que la perseguien, que li tenien enveja perquè sortiria i que no volia dir-ho a ningú perquè no li fessin mal, que l'endemà s'amagaria fins a l'hora de sortir perquè no la veiessin.

Va sortir en llibertat un diumenge, ningú no ho va veure. Se'n va anar a les vuit del matí, abans que sortíssim de les nostres cel·les i sense acomiadar-se de ningú, tal com volia.

La Sònia tenia un fill d'un any en procés d'adopció. Li vaig dir que ella sempre seria la seva mare biològica i que el podria veure, que estaria bé amb la nova família i que els donés una oportunitat, que havia de pensar en el seu fill. Moltes internes no volen que els seus fills vagin amb famílies d'acollida perquè és el pas previ a l'adopció i no volen que les oblidin; s'estimen més que estiguin sota la tutela de la Direcció General d'Atenció a la Infància, malgrat que ho viuen com un segrest, que no pas amb una família d'acollida o que els adoptin; sempre pensen que quan surtin se'n podran ocupar, però això no passa gairebé mai, perquè no surten quan elles pensen que sortiran o perquè quan surten no tenen recursos ni condicions; la situació en què es troben a l'exterior és tan precària que no es poden fer càrrec de les criatures. Algunes són molt conscients que van desaprofitar l'oportunitat d'ocupar-se'n i que no en tornaran a tenir cap més, i per a aquestes acceptar l'adopció és més fàcil.

He fet, hem fet coses. Aquestes pàgines són un reflex dels moments de llum i dels moments d'ombra, de les minses conquestes i del desànim, de la dificultat de la rehabilitació, de com funciona un sistema sovint massa cec i protocol·lari, indiferent a les necessitats de rehabilitació de les preses, preses que es mereixen una oportunitat per refer les seves vides: no és fàcil, moltes no podran, però d'altres sí. Els fracassos més tristos sempre són els casos en què, si el sistema fos més humanitari i efectiu, podria oferir-los una possibilitat real de canvi.

Aquestes pàgines també recullen el procés d'una resignació no exempta de tristesa, quan veus, dia a dia, que la presó no és, que ja no pot ser, una etapa curta, que desgraciadament ja hi tens records d'altres anys: el primer Nadal, el segon Nadal, el tercer Nadal... Però cada cop que m'aparto del camí, recupero, o intento recuperar, el senderi, que es podria traduir a dotar d'una mica de sentit el present, mirant de millorar —encara que sigui una mica— la vida de les preses amb tots els recursos possibles: reclamant, reivindicant, dedicant-los temps i escoltant-les, orientant-les —encara que moltes indicacions es perdin en el no-res—, perquè millorant-los la vida milloro també la meva, perquè faig allò que considero just, perquè segueixo treballant per uns ideals irrenunciables: presons més feministes, és a dir, presons més justes i igualitàries per a dones i homes.

I comprovo que sempre són les dones la part més perjudicada de tots els sistemes, el proletariat del proletariat, que deia Flora Tristán, i també que són els humans de segona categoria de tots els sistemes, també el penitenciari: moltes hi entren per culpa dels homes, i no reben el mateix tracte que ells dins la presó.

El que hem fet juntes en una presó d'homes

Les presons, com qualsevol altra institució social, reflecteixen la societat en la qual es troben, i com que la nostra societat és masclista, les presons també ho són.

La presó de Mas d'Enric és una presó d'homes, pensada i construïda per homes, on hi ha un mòdul de dones i un de joves. Normalment hi ha entre set-cents i vuit-cents homes i entre trenta-cinc i cinquanta dones, tot i que n'ha arribat a tenir vora seixanta, de manera que els homes tenen el protagonisme justificat per la diferència de nombre entre ells i les dones. En el meu cas, com que jo vaig arribar d'Alcalá-Meco, que és una presó exclusivament de dones, vaig trobar moltes diferències entre una presó i l'altra. Suposo que hi hauria trobat les mateixes si hagués arribat de la presó de Wad-Ras de Barcelona, que també és una presó de dones. Així, hi havia moltes coses que tenien o feien les presons de dones que les internes de Mas d'Enric no teníem ni fèiem, senzillament perquè no s'hi havia pensat. O potser sí que hi havien pensat, però feien por a la direcció o als funcionaris —els canvis fan por a totes les institucions—, tot i que molts dels que s'han introduït al llarg d'aquests dos anys no s'haurien pogut fer sense el suport i la complicitat de la direcció, especialment de les dones.

Al principi, quan vam proposar tenir assecadors i planxes de cabells, les funcionàries em van dir que es podien utilitzar com a armes; a la presó la seguretat és un dels béns més preuats, i qualsevol estri pot ser considerat una arma. Jo no ho entenia, perquè un bolígraf o una llauna de tonyina també poden convertir-se en una arma i de les dues coses en venien a l'economat, però si les presons són llocs de reinserció hem d'aprendre a conviure amb aquestes situacions. No podia entendre que les internes de la presó haguessin passat tres hiverns sense assecadors, des que es va inaugurar el centre, així que vaig decidir que les dones de Mas d'Enric no passarien cap hivern més sense assecador; no hi havia cap excusa, sobretot si les internes d'altres presons en tenien, com és el cas. Em vaig adonar que no ho havien demanat prou, que no hi havien insistit amb prou força, que s'havien conformat quan els havien dit que no, i això no tornaria a passar mentre hi fos jo.

Aquesta va ser la primera de moltes petites conquestes que les dones de Mas d'Enric vam aconseguir amb perseverança, tenacitat i esforç.

Una de les fites més importants va ser aconseguir que ens deixessin pujar a la cel·la entre setmana, perquè si no havies d'estar al pati o a la sala comuna tot el dia. Quan hi vaig arribar, només s'hi podia pujar els caps de setmana, i jo ho trobava absurd: si tens coses a fer o a parlar amb les companyes, d'acord, però, si no, per què no has de poder estar tranquil·lament a la cel·la llegint, escrivint o descansant? No entenia aquesta política. És cert que, com a norma, la direcció de la presó intenta que tothom participi en activitats o que treballi com a part del programa de reinserció, i que cada interna té un pla individual de tractament que li planifica totes les activitats que ha de fer i els obstacles que ha de superar per reincorporar-se a la societat, però hi ha persones a les quals no se'ls exigeix treballar o a qui les activitats que han de fer els permeten tenir matins o tardes lliures, i algunes d'aquestes persones s'estimen més estar-se a la cel·la que no pas a la sala comuna o al pati. És més, molt sovint romandre en espais comuns sense fer activitats és contraproduent, perquè és on hi ha més crits, insults i baralles. Finalment, al mes de juliol del 2019 es va aconseguir que tota la presó pogués pujar a les cel·les cada dia quan volgués; va ser una resposta a la nostra reivindicació llargament esperada, que en el meu cas i en el de moltes altres internes ens ajuda a suportar la presó.

Des que vaig arribar he estat treballant en favor de la discriminació positiva, no només perquè és bo per a les dones, sinó també perquè és bo per als homes: cal que s'acostumin a treballar amb dones i a ser manats per dones, perquè la societat a la qual s'han de reincorporar està formada per homes i dones. Sé que a molts no els ha agradat, però estem contentes d'haver-ho aconseguit, i crec que la direcció, i especialment les funcionàries, que sempre ens han donat suport, estan satisfetes.

A les presons hi ha moltes activitats pensades per rehabilitar o per reinserir les persones que hi són tancades, que se suposa que han comès algun o molts errors i que han d'esmenar, però també hi ha una part del funcionament penitenciari que és un càstig. Els programes de reinserció a Catalunya funcionen força bé; sempre es pot millorar tot, també qualsevol programa, però he de dir que l'administració de la presó es preocupa força pels interns i les internes. La imatge del funcionariat insensible que no s'interessa pels presos que surt a les pel·lícules i als llibres, en general, tant a Madrid com a Catalunya és una imatge irreal i falsa. Arreu he vist funcionaris i funcionàries amables que fan tot el que poden amb els minsos mitjans que tenen, però com que penso que els millors mitjans són els humans, crec que els millors serveis els ofereixen uns bons professionals que es preocupin i treballin per la igualtat d'oportunitats de totes les persones, perquè les internes estem privades de llibertat, però els altres drets els hauríem de tenir tots i hem de poder exercir-los amb dignitat.

En canvi, la part que podríem considerar de càstig és més dura a la presó de Mas d'Enric que no pas a la d'Alcalá-Meco, i també és la més dura per a mi, tot i que per a moltes internes no és així: s'estimen més les rutines de la presó que no pas anar a l'escola o a treballar, malgrat que moltes es veuen obligades a fer-ho perquè ho tenen als seus plans individuals de tractament i és condició imprescindible per aconseguir la llibertat, i la majoria també necessiten diners per a les despeses corrents. Elles s'acostumen a les rutines diàries d'esmorzar, dinar i sopar sempre a la mateixa hora, tant si és el dia de Nadal com un dia qualsevol, i moltes necessiten aquestes rutines, que mai no han tingut en la seva vida en llibertat: llevar-se a la mateixa hora cada dia del món i anar a la cel·la a la mateixa hora sempre, indistintament del dia que sigui; menjar cada dia una peça de fruita de postres per dinar —normalment poma— i un iogurt per sopar, de maduixa o natural; esmorzar el mateix, a la mateixa taula, amb les mateixes persones, que si no fossis a la presó mai no hauries conegut; dinar i sopar sense distingir quin dia de la setmana és, perquè el menjar és sempre el mateix.

Funcionament del mòdul de dones

Al mòdul es van crear tres comissions de treball: una comissió d'acollida que rebia les noves internes i els explicava el funcionament del mòdul i del centre, i intentava ajudar-les durant els primers dies d'arribada, que són especialment durs; una comissió de cultura i esport, que treballava en aquestes àrees per millorar-les i fer propostes que interessessin a les internes i les motivessin a participar en les activitats, i una comissió de treball que tractava els problemes derivats de la vida laboral i professional al centre, perquè hi ha moltes internes que treballen tant al mòdul com als tallers del centre penitenciari. A les presons catalanes no tota l'activitat laboral està gestionada directament pel Departament de Justícia, sinó a través d'una empresa pública, CIRE (Centre d'Iniciatives per a la Reinserció), que és l'encarregada de proporcionar feina i gestionar els serveis del centre, com ara la cuina o la bugaderia.

Totes les propostes i millores les vam fer i les vam aconseguir parlant-les i pactant-les en reunions setmanals del mòdul. Aquestes reunions es van iniciar al mòdul de dones, però ara es fan en altres mòduls de la presó i en altres presons; n'hi diuen model de participació. Serveis Penitenciaris ho volia implantar a Catalunya des de feia temps, però el nostre mòdul va ser pioner, no sé si per la nostra tossuderia o perquè per algun calia començar. En aquestes reunions hi assistien les portaveus de les tres comissions que teníem —de cultura i esports, de treball i d'acollida—; cada setmana hi havia una reunió de les diferents comissions i un cop al mes es feia una assemblea a la qual podien assistir totes les dones que volguessin per exposar les seves idees i explicar les seves preocupacions. A part de les internes portaveus de les comissions, en aquestes reunions hi assistien l'educadora del mòdul, la psicòloga o la treballadora social, depenent del que s'hi hagués de tractar, i sempre hi eren presents el funcionari o funcionària del nostre mòdul i un representant de la direcció del centre.

Les reunions setmanals van començar a funcionar dos mesos després de la meva arribada al centre, al setembre del 2018, i el funcionament ha anat millorant al llarg d'aquests dos anys. Puc dir que en aquestes reunions les dones de Mas d'Enric vam aconseguir canviar moltes coses, i algunes d'especialment importants. També cal dir que l'arribada de la pandèmia va suposar una aturada en aquest llarg camí que vam emprendre, però espero i desitjo que les internes de Mas d'Enric continuïn defensant tot el que vam aconseguir.

Quan al juliol del 2018 vaig arribar al centre penitenciari, com he dit, les dones preses no teníem ni assecador ni planxa de cabells, però a l'octubre d'aquell mateix any, quan va arribar el mal temps, vam poder disposar de totes dues coses. Va ser la primera reivindicació de les dones de Mas d'Enric. Evidentment, jo portava assecador i planxa des de la presó d'Alcalá-Meco i s'ho van quedar a Ingressos, però me'ls van donar després, quan vam començar la lluita per aconseguir-ne per a totes les internes que en volguessin.

També vam aconseguir que ens deixessin dutxar després de fer esport. El primer dia que vaig poder sortir a fer esport vaig demanar que ens deixessin pujar a la cel·la a dutxar-nos i em van dir que ens dutxéssim al poliesportiu, però vam insistir que si ho fèiem, perdíem temps de fer esport, i que l'esport ens anava molt bé físicament i psíquicament i que calia aprofitar tota l'estona; en canvi, un cop al mòdul no tenia cap importància si ens estàvem al pati més o menys temps. Després de fer les instàncies corresponents ens van deixar pujar a dutxar-nos a totes, i ara ha quedat establert així.

Un altre avenç: l'estiu del 2018 les dones només podíem anar a la piscina un dia a la setmana durant una hora, del mes de juny al mes de setembre, que és quan és oberta, però a partir de l'estiu del 2019 ja hi vam poder anar tres hores tres dies a la setmana —cal dir que aquí els monitors i monitores d'esport també ens van ajudar a aconseguir-ho.

També vam aconseguir plantes per fer un petit jardí al nostre pati. Quan vaig arribar, allí només hi havia un tros de terra ple de males herbes, i tot i que em van dir que hi havia hagut algunes internes que n'havien tingut cura i que algunes plantes havien sobreviscut, estava totalment abandonat.

Nosaltres vam dir que volíem fer un jardí i vam fer una crida als funcionaris i a les funcionàries perquè ens portessin plantes, i vam demanar a la brigada de manteniment que vingués a preparar-nos la terra per plantar-hi. Quan vaig marxar de Mas d'Enric, ja hi havia un jardí que manteníem entre algunes —poques— preses. El jardí del mòdul és una de les coses que més valoren les internes, i tot i que al principi n'hi havia que arrencaven fulles, sobretot les de les plantes aromàtiques, ara en general el respecten, i la interna que el porta des que jo no hi soc em va escriure per explicar-me que té un projecte per fer un reg automàtic en lloc de regar-lo amb galledes o amb una mànega.

Personalment, el jardí és una de les coses que em van donar més satisfacció, no només pel gust de veure créixer flors, sinó perquè vaig veure com a poc a poc les noies el van anar respectant i van passar de tirar-hi burilles i gots buits a mirar-se'l amb satisfacció. També ens va permetre col·laborar amb les funcionàries, que ens portaven plantes i llavors que intercanviàvem amb dos mòduls d'homes que tenien un hort.

La majoria de les internes al principi preferien tenir un hort, però vam decidir que seríem les que en tinguéssim cura les que decidiríem si fèiem un hort o un jardí, i les vaig convèncer perquè fos un jardí, perquè cal plantar les plantes cada any i les flors tornen a brotar.

També teníem una aula d'informàtica, un taller de costura, una biblioteca i una sala de manualitats només per al nostre mòdul, independentment dels serveis de la presó.

A més, vam aconseguir que el menjar fos més variat, i vam millorar les condicions de seguretat de la cuina des que hi va entrar una dona a treballar. Es va demanar que no hi hagués bistecs, perquè per les condicions de cocció quedaven molt durs i eren immenjables, i també que la fruita i els iogurts fossin més variats.

També vam començar una campanya per a les dones que volguessin deixar de fumar. Ja n'havien fet una, però no havia tingut gaire èxit, i en vam emprendre una de nova fent esment dels diners que s'estalviarien si deixessin de fumar —malauradament, moltes internes són més sensibles als temes econòmics que no als de salut.

Una altra iniciativa que vam tenir va ser la

confecció d'un mural al mòdul. La direcció del centre s'hi va comprometre l'any passat, però hi havia dificultats per temes de seguretat laboral, i finalment es va decidir que el faria una persona que treballa al centre i que ja n'ha fet d'altres. La idea era pintar un mural a la paret del pati del mòdul que fos la continuació del paisatge que veuríem si no hi fos el mur, com si fos el bosc de pins que envolta la presó, de manera que quan el miressis fes la impressió que estaves veient el bosc exterior. Malauradament, quan me'n vaig anar de Mas d'Enric el mural encara s'havia de començar.

En un altre àmbit, vam demanar poder fer cursos de formació, especialment de cuina i de perruqueria, i que poguessin ser mixtos, d'homes i dones. Les internes tenen interès a formar-se perquè en sortir de la presó puguin tenir mitjans per guanyar-se la vida i treballar en coses diferents, i a més al nostre mòdul no hi havia perruquera professional, amb la qual cosa també ens serviria per formar les professionals que treballarien a la presó.

També es va organitzar un taller de cosir per a les internes que volien aprendre'n o que necessitessin cosir, reformar o fer-se alguna peça de roba, perquè a la cel·la no ens permetien tenir ni agulles ni tisores. Va ser possible fer-lo perquè hi havia una interna modista de professió que es va mostrar disposada a fer-se'n càrrec.

Quan vaig arribar a Mas d'Enric, vaig començar a rebre molts llibres que la gent m'enviava per correu. A Alcalá-Meco no ens en deixaven entrar i els retornaven tots, i per tant quan vam ser aquí en rebia molts; un cop els havia llegit —o alguns que no llegia perquè era impossible llegir-los tots—, els donava a la biblioteca de la presó i a la del nostre mòdul. Ho vaig explicar a les visites que venien i ho vaig escriure a les cartes, i ara hi ha donacions de fora: algunes persones fan arribar llibres a la presó, han augmentat les donacions, i al nostre mòdul tenim una biblioteca a part de la general del centre, que porta una interna.

Per acabar, vam posar cartells a les parets del pati, a les portes d'entrada a la sala de dia i als lavabos per demanar que es mantinguessin els espais nets i que les internes fossin respectuoses amb el medi; també els demanàvem que tiressin les burilles als cendrers i no a terra. L'objectiu era introduir la idea que el més important era no embrutar i respectar l'espai comú. D'entrada, vam fer uns cartells discrets i de mida foli, pensant que si calia els faríem més grossos, però de moment vam fer la prova en mida petita. Enteníem, a més, que els cartells també servirien d'excusa per parlar del respecte als espais d'ús comú i per demanar-los personalment que no tiressin a terra les burilles sense que se sentissin interpel·lades directament.

La feina a la presó

Al juliol del 2018 les dones només treballaven als tallers de la presó a la tarda, mentre que els homes hi podien anar al matí i a la tarda, i no hi havia cap dona que tingués un càrrec de comandament; tampoc no hi havia cap dona que treballés a la cuina ni a la cafeteria dels funcionaris. Un any després, les dones treballaven matí i tarda igual que els homes, hi havia una dona verificadora i una encarregada de taller, una dona treballant a la cuina i una altra a la cafeteria de funcionaris. Es va fer una discriminació positiva que va permetre'n la incorporació al món laboral de la presó amb els mateixos drets que els seus companys, i ara es tria la persona més adequada per al lloc de treball atenent a les seves capacitats.

Els sous dels interns i de les internes eren molt baixos i es va demanar que augmentessin, perquè molts dels presos i preses no tenen mitjans i encara han de donar diners del seu sou a la família, i no podia ser que cobressin tres euros treballant tota una tarda. De vegades feien mil peces, però cobraven tan poc per cada peça que no arribaven a guanyar ni deu euros. Una altra de les demandes era que no cobressin per peces, sinó que tinguessin un sou, i també que no hi hagués tanta diferència entre el que cobraven els caps i el que rebien els treballadors i treballadores. En vam parlar amb la direcció de la presó i amb el Departament de Justícia, i ens van dir que hi estaven treballant; caldrà vetllar-ho.

Cal buscar feina en empreses que paguin millor, o si més no que el Departament pagui una compensació als presos i les preses que treballin millor i tinguin més interès.

Finalment, se'ns va informar que aviat es començaria a pagar un sou en lloc de pagar per peces; esperem que aquest canvi sigui real i s'estengui a tots els centres de Catalunya.

Economat

Vam demanar que hi hagués més productes, en especial productes femenins, i més variats. Vam fer una llista de les coses que consideràvem necessàries i, tot i que amb gairebé un any de retard, vam aconseguir introduir productes com ara articles d'higiene íntima, maquillatge o perruqueria.

També, una de les primeres demandes que vaig fer quan vaig arribar a Mas d'Enric va ser un microones: quin sentit té poder comprar menjar preparat a l'economat i no poder-te'l escalfar? De totes maneres, quan em vaig traslladar a Wad-Ras encara no el teníem.

Pel que fa als preus de l'economat, cal rebaixar-los: són molts cars, i cal tenir en compte que el que es cobra als tallers és molt poc, de manera que es va demanar que abaixessin els preus perquè poguessin ser més accessibles, atesa la dèbil economia dels presos i preses. Tant la direcció del centre com el Departament són conscients de la situació, però és un problema de pressupost. S'han compromès a arreglar-ho quan hi hagi disponibilitat econòmica; caldrà seguir-ho de prop.

Reciclatge

A la presó s'ha treballat el reciclatge des de fa temps; abans que jo hi arribés ja ho feien, però sense gaire fortuna fins ara. És molt difícil que les preses reciclin. Primer pensàvem que era perquè no sabien com classificar les deixalles, de manera que els ho vam explicar i vam posar el nom als contenidors perquè no es confonguessin amb els colors, però tampoc no va funcionar.

També treballem perquè la presó faci formació sobre reciclatge a tots els interns i les internes. Algunes funcionàries em van dir que la presó tampoc no reciclava, i que quan venien a recollir les deixalles ho posaven tot al mateix camió; ho vaig comentar a la direcció i em van dir que la presó està preparada per reciclar i que se n'encarregarien.

Considero que en això vaig fracassar, que no vaig aconseguir crear consciència ecològica en la majoria de les internes de Mas d'Enric; les que tenien aquesta consciència ja van entrar tenint-la. Cal poder dir el que no s'aconsegueix, perquè no és possible o simplement perquè no es tenen les eines per aconseguir-ho.

La realitat és que les internes no saben ni volen reciclar, no ho troben necessari ni els interessa, no tenen cap interès per l'ecologia i el medi ambient, i en canvi jo estic convençuda que els canvis del segle XXI, la veritable revolució, arribarà de la mà del feminisme i de l'ecologisme.

De fet vaig demanar a la direcció de la presó que posessin dins del PIT (pla individual de tractament) un curs d'educació mediambiental i reciclatge, un curs obligatori per despertar-los la consciència ecològica. Estic convençuda que és una matèria que cal treballar conjuntament entre el mòdul i la direcció, tot i que això suposarà més feina per als funcionaris, perquè seran els que hauran de controlar que es faci.

Neteja

Vam començar una campanya de neteja amb el lema «És més important no embrutar que netejar». Demanàvem que es tiressin les burilles als cendrers i que no es llencés a terra la cendra del tabac; a part dels cartells que ja hem comentat, també demanàvem personalment a les internes que no tiressin brossa, ni papers ni burilles des de les cel·les del primer pis al pati. Vam parlar amb les noies que netejaven el pati i elles també s'hi van apuntar. El centre va donar l'oportunitat a les noies més desfavorides i conflictives perquè s'encarreguessin de la neteja i fossin elles també les que fessin aquesta campanya.

Crec que va ser molt positiu que totes les actuacions culturals —concerts, teatre, xerrades, tallers, màgia— tinguessin força assistència, i que van ser una bona influència per als interns i les internes.

Quan era a la presó de Mas d'Enric es van fer molts actes, moltes persones van voler venir i van venir a la presó i van demostrar la seva solidaritat de la millor manera possible, oferint-nos la seva feina: actors, actrius, músics, magues, còmiques van fer actuacions a Mas d'Enric i als altres centres que van servir per conèixer i fer conèixer la vida a les presons, perquè la nostra estada també ha servit per apropar les presons a una ciutadania estupefacta, que en sabia molt poques coses o cap, d'aquestes institucions tancades que viuen d'esquena a la gent.

Jo patia molt mentre hi havia les actuacions perquè, quan no els agrada una cosa, les preses ho mostren sorollosament: criden, parlen, i fins i tot arriben a insultar els que són a l'escenari malgrat la vigilància dels funcionaris. Hi va haver moltes actuacions memorables, però jo preferia que vinguessin músics, perquè amb la música no se sentien ni els exabruptes ni els crits dels interns i les internes, ni tampoc els badalls sorollosos; amb el teatre patia molt, malgrat que tota la gent que va venir a actuar va demostrar una paciència infinita que jo agraïa encara amb més infinitud. Sempre sentia la necessitat de disculpar-me pel comportament dels interns i les internes, i recordo que vaig patir molt quan un grup va venir a representar l'obra que havien escrit els fills i filles d'en Jordi Turull, en Joaquim Forn i en Jordi Sànchez. Amb ells els interns i les internes van ser especialment durs, perquè no entenien el text ni demostraven cap empatia pels fills dels presos, que s'expressaven com mai no s'expressarien els seus fills i filles, segons el que van dir-me més tard.

Els interns i les internes no entenen el respecte de la mateixa manera que nosaltres, i als espectacles no hi van a escoltar res, sinó que aprofiten l'ocasió per sortir del mòdul, per veure algú, per parlar-hi, per comprar o vendre o per fer d'alcavots.

Els professionals de la presó també van portar experts en diversos temes per fer xerrades, especialment dones que havien tingut els mateixos problemes que elles i que se n'havien sortit perquè prediquessin amb l'exemple, perquè dones que havien patit i sentit com elles els diguessin que era possible una altra vida, que era possible sortir-se'n.

Comptat i debatut, vam aconseguir que la mirada i la veu de les dones estiguessin presents en tots els àmbits de presa de decisions de la presó, no només perquè és bo per a les dones, sinó perquè ho és per a tothom, perquè a la societat a la qual s'han de reincorporar hi ha homes i dones treballant plegats.

Però la feina de la qual em sento més orgullosa és d'haver aconseguit que a algunes d'aquestes dones els augmentés l'autoestima, aprenguessin que havien de ser autònomes, que eren elles les que havien de decidir si volien o no viure amb un home, no perquè el necessitessin per a la seva supervivència o perquè no tinguessin cap més sortida, sinó perquè ho triessin.

I ho torno a dir, perquè em sembla una de les conclusions més importants a què he arribat: aquestes dones són delinqüents, però gairebé totes també són víctimes. Les he mirat i les he vist com a persones que no han tingut les mateixes oportunitats que hem tingut la majoria de nosaltres, i he intentat donar-los eines per millorar la seva vida i perquè es puguin reincorporar a la societat.

Aquesta feina l'hem feta amb l'ajuda de professionals de la presó i d'algunes persones de fora del centre que han col·laborat en aquesta tasca.

Si la meva estada a la presó de Mas d'Enric ha servit per millorar la vida i les condicions de les internes, per ajudar-les a reincorporar-se a la vida en societat en més bones condicions, serà una estada positiva, haurà servit per a alguna cosa. Sé que són persones, dones que no han tingut les mateixes oportunitats que la majoria de nosaltres, i quan les miro sento que la societat els deu aquesta oportunitat i intento ajudar per pagar aquest deute.

Cada dia desitjo sortir, tornar amb la meva mare, acompanyar-nos en aquest tram cada cop més petit que sento que ens queda. Però mentre això no sigui possible, no deixaré de treballar per aquestes dones, plenes d'imperfeccions, com tots nosaltres, però molt més necessitades d'una oportunitat, una oportunitat que per a moltes serà la primera que rebran en tota la seva vida.

Quan vaig marxar de Mas d'Enric quedava molta feina per fer. Espero que les internes la continuïn fent.

Espero haver-les empoderat, perquè, si no és així, el meu pas per la presó haurà estat absurd, i l'absurditat és l'única cosa per la qual sento un odi real i espontani.

No cal dir que elles m'han fet més forta i m'han donat més motius de lluita. Formaran part per sempre més de la meva lluita a favor dels drets de les dones de la presó. Elles han donat a aquest temps tan llarg que he estat tancada l'únic sentit que ha tingut. Qui va rebre més, aquella nit de Nadal? Elles amb les bosses del bolígraf lila o jo amb l'oportunitat i la il·lusió de preparar-les?

El que he après a la presó

Hi ha una pregunta fonamental, quan passa una desgràcia, i estar privada de llibertat ho és. I és aquesta: què has après de tot això?

He après a valorar les petites coses que massa sovint donem per fetes. Em refereixo a coses tan simples i humils com prendre'm un cafè quan em vingui de gust, trucar per telèfon quan em sembli, o una cosa tan quotidiana com un bon raig d'oli d'oliva. A la presó, l'oli és tan dolent que gairebé no hi amaneixo cap plat.

He après també a donar molt poca importància a les coses que no en tenen.

I sobretot he après a passar de l'abstracte al concret. Paraules com «democràcia», «justícia», «llibertat», «valors», «igualtat», amb definicions conceptuals i explicatives clares, ara per a mi s'han convertit en realitats tangibles i absolutament quantificables.

La llibertat no es mesura en definicions perfectes sinó en hores de permís, en nombre de trucades, en calendaris, en rellotges, en permisos especials per veure un sol dia la mare o visitar una sola tarda un net que acaba de néixer.

La llibertat és simplement fer allò que a una li resulta natural: estar al costat dels seus durant les festes, durant els moments importants, durant naixements, malalties, vellesa, no perdre's la vida de la gent que s'estima, i a la presó la llibertat arriba amb comptagotes. Així, la llibertat la mesures, l'esperes, la demanes i la busques. I la presó ho focalitza tot, cada conversa, cada esperança, cada tristesa. Les coses de la vida, les petites grans coses de la vida, com ara la joguina preferida d'un infant de la família, o un mal de queixal d'algú, o una crisi laboral d'una amiga, són tractades sempre com a supèrflues per les mateixes persones que me les expliquen, com si expliquessin anècdotes incomparables amb la gravetat de les reixes.

Podem fer veure, durant uns instants, que tot és normal: dies de tercer grau en què, malgrat haver d'anar a dormir cada dia a la presó, hi ha una cafetera a prop i disponible, un setrill ple d'oli d'oliva verge, un mòbil encès a la bossa, un ordinador amb internet, una conversa normal d'un món que em semblava ben meu. I podem fer veure que tot és, per una estona, simplement quotidià.

Com ara, quan mirem una pel·lícula en què la gent camina en processó pels carrers d'una gran ciutat sense mascareta, i s'asseuen en una taula plena de gent, i els restaurants estan atapeïts i els metros ben plens. Tan familiar i a la vegada tan distant de la realitat de la Covid.

La Covid també ha empitjorat la nostra vida, dins i fora de la presó. Les hores fora ja no són com eren: noves restriccions, nous confinaments, tocs de queda, més aïllament i impossibilitat de fer més coses en les poques hores de què disposo (i quan aquest llibre es publiqui és possible que només pugui dir, ja, «hores de què vaig disposar»). I dins de la presó, por d'una malaltia estant en edat de risc i en convivència forçosa amb moltes dones. Prenguem les mesures, siguem responsables —a la presó no tothom ho és— i creuem els dits.

Avui veig l'ésser humà com algú capaç tant del màxim mal com del màxim bé, i sempre, abans de res, amb una capacitat de resistència immensa que prové de l'instint de supervivència.

Amb tot això vull dir que les persones aprenem a no fer del cafè, ni de l'oli, ni de no poder trucar un motiu per a una infelicitat completa, i així s'arriba a passar cada cop amb menys, lliscant i sobrevivint, encarnant el qui dia passa any empeny, perquè quan compleixes una part de la condemna apareixen nous permisos. És inevitable: una part de tu no pot il·lusionar-se, ni tenir impaciència, ni viure com si alguna cosa bona i inesperada estigués a punt de passar. Cal sortir de la cel·la, mirar els ulls de les companyes i dir: què podem fer avui per viure d'una manera més justa? Per això sempre he pensat que la solidaritat ha de ser compartida; les lluites, comunes; tots els triomfs, de totes o de cap, perquè només empenyent juntes tindrem prou força. Força per canviar la presó, força entre totes per acabar-ne sortint.

He après que les presons no haurien d'existir, perquè no funcionen. Haurien de ser un sistema obert, com tenen en alguns països del nord: una presó oberta que permetés als presos tenir un contacte freqüent amb la vida real, amb la llibertat, que és, o hauria de ser, el destí final d'aquestes condemnes. Una presó que incidís en l'autocura, en l'autoresponsabilitat. Una semillibertat positiva per a la societat amb feines de voluntariat, de treball o de formació.

Quan veig tantes dones que ja se senten incapaces de viure a fora, que prefereixen estar empresonades per tenir un plat calent i estar lluny de les pallisses, m'adono de fins a quin punt hem fracassat tant per protegir-les com per donar-los una oportunitat.

He après, també i per pura supervivència, a viure el dia a dia sense expectatives. El futur és massa incert, és com un camí amb barrancs a sota; veus el camí, la sortida, i de cop caus al buit. És millor no pensar en ponts que s'esmicolen i centrar-se en el dia a dia. He passat setmanes sortint de la presó de bon matí i en què el primer que he fet ha estat trucar a la meva advocada per preguntar-li si seria avui l'últim dia que podria sortir unes hores, si seria avui el dia que hauria de tornar a viure en règim tancat; he passat setmanes despertant-me cada matí amb la pregunta de si seria justament aquell dia l'últim que podria fer una vida quasi normal, encara que no sigui gaire habitual per a ningú anar a dormir cada dia a la presó. Allà les nits són molt difícils, els pensaments tendeixen a tenyir-se del mateix color que el cel a les hores més baixes, cal aprendre a dormir sense que el cap doni voltes buscant una sortida inútil, entrant en pensaments recurrents o caient en el desànim. Soc gran, em queden pocs anys de futur i no vull passar-los aquí. Ho sé, m'ho dic cada dia, però avui es tracta d'alçar-se i viure.

He après que existeixen les lleis però que no existeix la justícia.

He après a separar la persona del delicte. No m'ha estat fàcil; la miro i sé que ha estat capaç de fer allò, un assassinat, un robatori o delictes dels quals no puc ni dir el nom perquè tenen a veure amb infants. Però cal que ho faci, cal que ho fem; una persona ha de ser encara el que pot fer i no només el que ha fet.

He après aquesta barreja entre culpabilitat i innocència: no totes són culpables, però tampoc totes són innocents.

He après —no pas de la presó, sinó que he conclòs a dins de la presó— que mai més a la vida deixaré que ningú decideixi per mi. Si una s'ha d'equivocar, és millor tenir el consol de fer-ho per actes i decisions propis.

La presó m'ha ensenyat cada dia a ser feminista, no hi ha hagut ni un sol dia que no m'hagi donat un nou motiu per ser-ne. He après que com més injusta és una situació, més discriminació hi pot haver.

I he après, o reaprès, que plegades podem aconseguir moltes coses. En les pàgines d'aquest llibre he parlat d'una presó d'homes, Mas d'Enric, i d'algunes de les coses que hi vam aconseguir juntes; en aquesta llista no hi ha aparegut tot, moltes de les coses que hi vam assolir eren internes, potser importants però subtils, i només el temps ens dirà si les hem après (i què hem après sense saber-ho).

El que no he volgut aprendre a la presó

A acostumar-me a l'absurd, a renunciar a pensar, a assumir greuges i situacions sense explicació i sense lluita. En el moment que una persona, davant d'una situació injusta i inexplicable, és capaç d'actuar com si l'entengués, és que ja no espera ni el sentit comú ni la justícia.

A no deixar mai de debatre totes les qüestions, posant com a únic límit la defensa dels drets humans.

I, sobretot, m'he negat a aprendre que les persones no mereixen una altra oportunitat, que hi ha persones per a qui ja no es pot fer res (quantes vegades ho he sentit de funcionaris o de les mateixes preses): fins al darrer moment ens mereixem una nova oportunitat, simplement perquè segueixo creient en el valor de les persones, en la seva capacitat de millora i canvi.

Escric aquestes línies durant el que segurament seran els meus darrers dies de tercer grau. Estic tristament convençuda que el Tribunal Suprem ens traurà aquest tros de llibertat i tornaré a passar totes les hores del dia i de la nit a la presó de Wad-Ras. No vull aprendre a parar-me. Faré, un cop més i com sempre, del seu «no» un nou punt de partida.

Sabadell – Wad-Ras, novembre del 2020

Alcalá-Meco, del 23 de març del 2018
al 4 de juliol del 2018

Puig de les Basses, del 4 al 20 de juliol del 2018

Mas d'Enric, del 20 de juliol del 2018
a l'1 de febrer del 2019

Alcalá-Meco, altre cop, pel judici, de l'1 de febrer
al 26 de juny del 2019

Mas d'Enric, del 26 de juny del 2019 fins
al 15 de juny del 2020

Wad-Ras, del 15 de juny del 2020 al ...

Agraïments

Dono les gràcies a les funcionàries i funcionaris, treballadors i treballadores i servei mèdic de la presó d'Alcalá-Meco, i molt especialment als funcionaris i funcionàries, treballadores i treballadors de Mas d'Enric, als del mòdul de dones, als de comunicacions, als d'ingressos, als monitors, al servei mèdic, a la direcció, a la junta de tractament del mòdul de dones per la seva professionalitat i empatia i, sobretot, perquè m'han fet canviar l'opinió que tenia de les presons i del sistema penitenciari de Catalunya.

Finalment, voldria expressar el meu absolut agraïment a Montse Barderi, sense ella aquest llibre no hauria estat possible.

En el moment de donar a imprimir aquest llibre he passat 1.064 dies a la presó dels 4.195 totals de la condemna.

Signa per l'amnistia de les preses i els presos polítics
https://www.amnistiallibertat.cat

Per saber-ne més
https://www.freeforcadell.org

*Aquest llibre es va acabar
d'imprimir el 8 de març del 2021,
el Dia Internacional de les Dones.*

Altres llibres de la col·lecció

MONTSE BARDERI

Manual d'amor aristotèlic per a dones del segle XXI

BEL OLID

A contrapel

O per què trencar el cercle de depilació, submissió i autoodi

PAULINE HARMANGE

Jo, els homes, els detesto

IOLANDA BATALLÉ

Atreveix-te a fer les coses a la teva manera

La revolució del lideratge de les dones